Základní korejštiny pro česky hovořící osoby

체코어를 사용하는 국민을 위한

기초 **한글배우기**

① 기초편

Č. 1 Základní úroveň

권용선 저

Učení korejštiny
v češtině

■ 세종대왕(조선 제4대 왕)
Král Sejong Veliký
(4. král dynastie Joseon)

■ 세종대왕 탄신 627돌(2024.5.15) 숭모제전
- 분향(焚香) 및 헌작(獻爵), 독축(讀祝), 사배(四拜), 헌화(獻花),
  망료례(望燎禮), 예필(禮畢), 인사말씀(국무총리)

■ 무용 : 봉래의(鳳來儀) | 국립국악원 무용단
- '용비어천가'의 가사를 무용수들이 직접 노래하고 춤을 춤으로써
  비로소 시(詩), 가(歌), 무(舞)가 합일하는 악(樂)을 완성하는 장면

■ 영릉(세종·소헌왕후)
조선 제4대 세종대왕과 소헌왕후 심씨를 모신 합장릉이다.
세종대왕은 한글을 창제하고 혼천의를 비롯한 여러 과학기기를 발명하는 등 재위기간 중 뛰어난 업적을 이룩하였다.

■ 소재지(Location): 대한민국 경기도 여주시 세종대왕면 영릉로 269-10

■ 대표 업적
- 한글 창제: 1443년(세종 25년)~1446년 9월 반포
- 학문 창달
- 과학의 진흥
- 외치와 국방
- 음악의 정리
- 속육전 등의 법전 편찬 및 정리
- 각종 화학 무기 개발

■ Yeongneung (hrobka krále Sejong a královny Soheon)
Yeongneung je společná královská hrobka, v níž jsou pohřbeni Sejong Veliký, čtvrtý panovník dynastie Joseon, a královna Soheon z rodu Shim.
Král Sejong během své vlády dosáhl pozoruhodných úspěchů, včetně vynálezu hangulu a různých vědeckých přístrojů, jako například honcheonui.

■ Poloha : 269-10 Yeongneung-ro, Sejongdaewang-myeon, Yeoju-si, Gyeonggi-do,
             Korejská republika

■ Pangunahing nagawa
- Vytvoření hangulu : 1443 (25. rok vlády krále Sejong) - vyhlášení v září 1446
- Rozvoj vzdělanosti
- Podpora vědy
- Zahraniční správa a národní obrana
- Systematizace hudby
- Sestavení a organizace právních kodexů, jako je Sokyukjeon (Opravených šest kodexů správy)
- Vývoj různých chemických zbraní

Let's learn Hangul!

Hangul se skládá ze 14 souhlásek a 10 samohlásek a dalších kombinací dvojitých souhlásek a složených samohlásek, pomocí kterých se tvoří písmena a přiřazují se jim zvuky. Počet možných bloků slabik v hangulu je přibližně 11 170, z nichž zhruba 30 % se používá nejčastěji.

Tato kniha je uspořádána podle korejských slov, která se často používají v každodenním životě, a byla vyvinuta s důrazem na následující body.

- Skládá se ze základního učiva, které začíná souhláskami a samohláskami hangulu.
- Prezentací pořadí tahů hangulového písma pomáhá studentům pevně vybudovat základy pro správné používání hangulového písma.
- Věnuje mnoho prostoru „psaní", aby opakované cvičení vedlo k přirozenému osvojení hangulu.
- Na webových stránkách (www.K-hangul.kr) nabízí doplňkové materiály určené ke studiu spolu s touto učebnicí.
- Uspořádáno podle písmen a slov, která se v každodenním životě v Koreji často používají.
- Minimalizuje obsah méně často používaných znaků hangulu a zahrnuje pouze to, co je skutečně nezbytné.

Učení se jazyku znamená také učení se kultuře a stává se příležitostí k rozšíření vlastního myšlení.

Jelikož tato kniha slouží jako základní učebnice pro výuku hangulu, pečlivé osvojení si jejího obsahu vám pomůže porozumět nejen samotnému hangulu, ale také korejské kultuře a duchu v širším smyslu.

Děkujeme :

Autor : Kwon Yongseon

한글은 자음 14자, 모음 10자 그 외에 겹자음과 겹모음의 조합으로 글자가 이루어지며 소리를 갖게 됩니다. 한글 조합자는 약 11,170자로 이루어져 있는데, 그중 30% 정도가 주로 사용되고 있습니다. 이 책은 실생활에서 자주 사용하는 우리말을 토대로 내용을 구성하였고, 다음 사항을 중심으로 개발 되었습니다.

- 한글의 자음과 모음을 기초로 배우는 기본 학습내용으로 이루어져 있습니다.
- 한글의 필순을 제시하여 올바른 한글 사용의 기초를 튼튼히 다지도록 했습니다.
- 반복적인 쓰기 학습을 통해 자연스레 한글을 습득할 수 있도록 '쓰기'에 많은 지면을 할애하였습니다.
- 홈페이지(www.k-hangul.kr)에 교재와 병행 학습할 수 있는 자료를 제공하고 있습니다.
- 한국의 일상생활에서 자주 사용되는 글자나 낱말을 중심으로 내용을 구성하였습니다.
- 사용빈도가 높지 않은 한글에 대한 내용은 줄이고 꼭 필요한 내용만 수록하였습니다.

언어를 배우는 것은 문화를 배우는 것이며, 사고의 폭을 넓히는 계기가 됩니다. 이 책은 한글 학습에 기본이 되는 교재이므로 내용을 꼼꼼하게 터득하면 한글은 물론 한국의 문화와 정신까지 폭넓게 이해 하게 될 것입니다.

※참고 : 본 교재는 ❶기초편으로, ❷문장편 ❸대화편 ❹생활 편으로 구성되어 출간 판매 중에 있습니다.
Poznámka : Tato série učebnic se skládá ze ❶ Základní úrovně, ❷ Větné úrovně, ❸ Konverzační úrovně a ❹ Úrovně pro každodenní život a je v prodeji.

※판매처 : 교보문고, 알라딘, yes24, 네이버, 쿠팡 등
Kde koupit : Kyobo Bookstore, Aladin, yes24, Naver, Coupang atd.

※검색어 : 한글, 기초한글, 한글배우기, 한국어 등
Hledejte klíčová slova : Hangul, základní hangul, výuka hangulu, korejština atd.

저자 권용선

차례 Obsah

자음

1. kapitola
Souhlásky

자음 읽기 [Čtení souhlásek]

ㄱ	ㄴ	ㄷ	ㄹ	ㅁ
기역(Giyeok)	니은(Nieun)	디귿(Digeut)	리을(Rieul)	미음(Mieum)
ㅂ	ㅅ	ㅇ	ㅈ	ㅊ
비읍(Bieup)	시옷(Siot)	이응(Ieung)	지읒(Jieut)	치읓(Chieut)
ㅋ	ㅌ	ㅍ	ㅎ	
키읔(Kieuk)	티읕(Tieut)	피읖(Pieup)	히읗(Hieut)	

자음 쓰기 [Psaní souhlásek]

ㄱ	ㄴ	ㄷ	ㄹ	ㅁ
기역(Giyeok)	니은(Nieun)	디귿(Digeut)	리을(Rieul)	미음(Mieum)
ㅂ	ㅅ	ㅇ	ㅈ	ㅊ
비읍(Bieup)	시옷(Siot)	이응(Ieung)	지읒(Jieut)	치읓(Chieut)
ㅋ	ㅌ	ㅍ	ㅎ	
키읔(Kieuk)	티읕(Tieut)	피읖(Pieup)	히읗(Hieut)	

자음 [Souhlásky]

월   일

자음 익히기 [Procvičování souhlásek]

다음 자음을 쓰는 순서에 맞게 따라 쓰세요.
(Postupujte podle uvedeného pořadí tahů a jednotlivé souhlásky napište podle vzoru.)

자음 Souhlásky	이름 Název	쓰는 순서 Pořadí tahu	영어 표기 Anglická notace	쓰기 Psaní					
ㄱ	기역		Giyeok	ㄱ					
ㄴ	니은		Nieun	ㄴ					
ㄷ	디귿		Digeut	ㄷ					
ㄹ	리을		Rieul	ㄹ					
ㅁ	미음		Mieum	ㅁ					
ㅂ	비읍		Bieup	ㅂ					
ㅅ	시옷		Siot	ㅅ					
ㅇ	이응		Ieung	ㅇ					
ㅈ	지읒		Jieut	ㅈ					
ㅊ	치읓		Chieut	ㅊ					
ㅋ	키읔		Kieuk	ㅋ					
ㅌ	티읕		Tieut	ㅌ					
ㅍ	피읖		Pieup	ㅍ					
ㅎ	히읗		Hieut	ㅎ					

한글 자음과 모음표
[Tabulka souhlásek a samohlásek v hangulu]

월 일

※ 참고 : 음절표(18p~37P)에서 학습할 내용

mp3 자음 / 모음	ㅏ (아)	ㅑ (야)	ㅓ (어)	ㅕ (여)	ㅗ (오)	ㅛ (요)	ㅜ (우)	ㅠ (유)	ㅡ (으)	ㅣ (이)
ㄱ (기역)	가	갸	거	겨	고	교	구	규	그	기
ㄴ (니은)	나	냐	너	녀	노	뇨	누	뉴	느	니
ㄷ (디귿)	다	댜	더	뎌	도	됴	두	듀	드	디
ㄹ (리을)	라	랴	러	려	로	료	루	류	르	리
ㅁ (미음)	마	먀	머	며	모	묘	무	뮤	므	미
ㅂ (비읍)	바	뱌	버	벼	보	뵤	부	뷰	브	비
ㅅ (시옷)	사	샤	서	셔	소	쇼	수	슈	스	시
ㅇ (이응)	아	야	어	여	오	요	우	유	으	이
ㅈ (지읒)	자	쟈	저	져	조	죠	주	쥬	즈	지
ㅊ (치읓)	차	챠	처	쳐	초	쵸	추	츄	츠	치
ㅋ (키읔)	카	캬	커	켜	코	쿄	쿠	큐	크	키
ㅌ (티읕)	타	탸	터	텨	토	툐	투	튜	트	티
ㅍ (피읖)	파	퍄	퍼	펴	포	표	푸	퓨	프	피
ㅎ (히읗)	하	햐	허	혀	호	효	후	휴	흐	히

제2장
모음
2. kapitola
Samohlásky

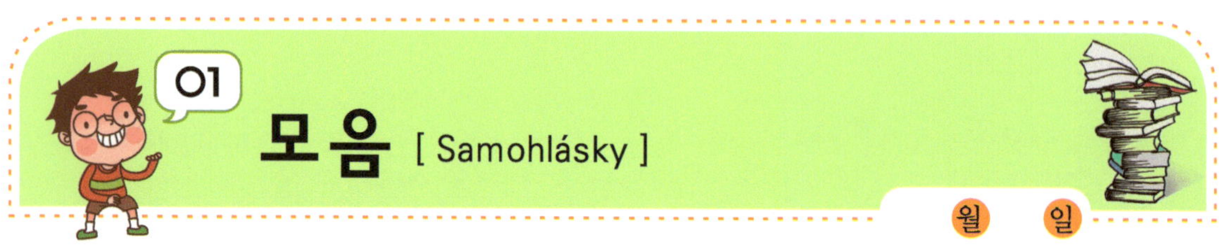

모음 읽기 [Čtení samohlásek]

ㅏ	ㅑ	ㅓ	ㅕ	ㅗ
아(A)	야(Ya)	어(Eo)	여(Yeo)	오(O)
ㅛ	ㅜ	ㅠ	ㅡ	ㅣ
요(Yo)	우(U)	유(Yu)	으(Eu)	이(I)

모음 쓰기 [Psaní samohlásek]

ㅏ	ㅑ	ㅓ	ㅕ	ㅗ
아(A)	야(Ya)	어(Eo)	여(Yeo)	오(O)
ㅛ	ㅜ	ㅠ	ㅡ	ㅣ
요(Yo)	우(U)	유(Yu)	으(Eu)	이(I)

02 모음 [Samohlásky]

모음 익히기 [Procvičování samohlásek]

다음 모음을 쓰는 순서에 맞게 따라 쓰세요.
(Postupujte podle uvedeného pořadí tahů a jednotlivé samohlásky napište podle vzoru.)

모음 Samohlásky	이름 Název	쓰는 순서 Pořadí tahu	영어 표기 Anglická notace	쓰기 Psaní				
ㅏ	아		A	ㅏ				
ㅑ	야		Ya	ㅑ				
ㅓ	어		Eo	ㅓ				
ㅕ	여		Yeo	ㅕ				
ㅗ	오		O	ㅗ				
ㅛ	요		Yo	ㅛ				
ㅜ	우		U	ㅜ				
ㅠ	유		Yu	ㅠ				
ㅡ	으		Eu	ㅡ				
ㅣ	이		I	ㅣ				

유네스코 세계기록유산
Paměť světa UNESCO

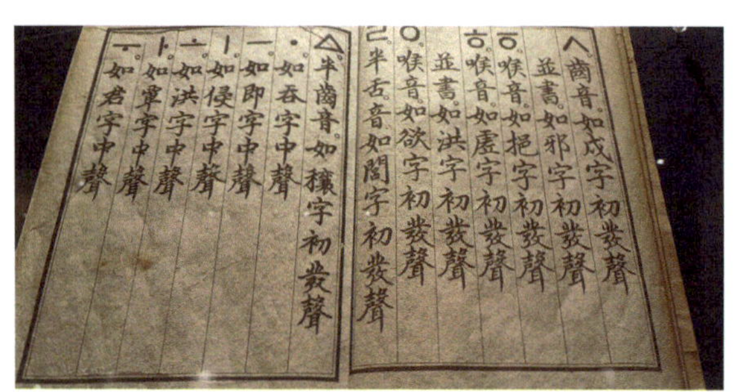

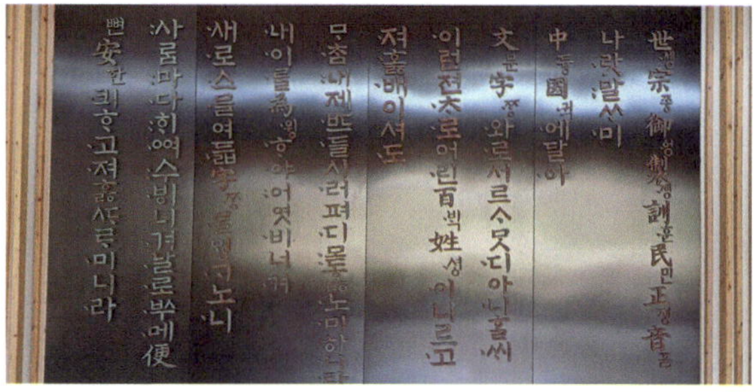

- 훈민정음(訓民正音) : 새로 창제된 훈민정음을 1446년(세종 28) 정인지 등 집현전 학사들이 저술한 한문해설서이다. 해례가 붙어 있어서〈훈민정음 해례본 訓民正音 解例本〉이라고도 하며 예의(例義), 해례(解例), 정인지 서문으로 구성되어 있다. 특히 서문에는 **훈민정음을 만든 이유**, 편찬자, 편년월일, 우수성을 기록하고 있다. 1997년 유네스코 세계기록유산으로 등록되었다.

■ 훈민정음(訓民正音)을 만든 이유

- 훈민정음은 백성을 가르치는 바른 소리 -

훈민정음 서문에 나오는 '나랏말씀이 중국과 달라 한자와 서로 통하지 않는다.' 는 말은 풍속과 기질이 달라 성음(聲音)이 서로 같지 않게 된다는 것이다.

"이런 이유로 어리석은 백성이 말하고 싶은 것이 있어도 마침내 제 뜻을 표현하지 못하는 사람이 많다. 이를 불쌍히 여겨 새로 28자를 만들었으니 사람마다 쉽게 익혀 씀에 편하게 할 뿐이다."

지혜로운 사람은 아침나절이 되기 전에 이해하고 어리석은 사람도 열흘이면 배울 수 있는 훈민정음은 바람소리, 학의 울음이나 닭 울음소리, 개 짖는 소리까지 모두 표현해 쓸 수 있어 지구상의 모든 문자 가운데 가장 창의적이고 과학적이라는 찬사를 받는 문자이다.

-세종 28년-

■ 세종대왕 약력

- 조선 제4대 왕
- 이름: 이도
- 출생지: 서울(한양)
- 생년월일: 1397년 5월 15일~1450년 2월 17일
- 재위 기간: 1418년 8월~1450년 2월(31년 6개월)

■ Proč bylo vytvořeno Hunminjeongeum

- Hunminjeongeum znamená „správné zvuky pro výuku lidu". -

V předmluvě k Hunminjeongeum věta „Jazyk naší země se liší od jazyka Číny, a proto neodpovídá čínským znakům" naznačuje, že kvůli odlišným zvykům a temperamentům nejsou zvuky stejné.

„Z toho důvodu mnoho obyčejných lidí, i když mají něco, co by chtěli říct, nakonec není schopno vyjádřit své myšlenky. Z lítosti k nim jsem nově vytvořil 28 písmen, aby se je každý mohl snadno naučit a pohodlně používat."

Hunminjeongeum, které moudrý člověk pochopí ještě před koncem dopoledne a které i pomalejší žák zvládne za deset dní, dokáže vyjádřit vše od zvuku větru po křik jeřábů, kokrhání kohoutů a štěkání psů, a je chváleno jako nejkreativnější a nejvědečtější písmo ze všech písemných systémů na světě.

- 28. rok vlády krále Sejong -

■ Stručný životopis krále Sejong Velikého

- 4. král dynastie Joseon
- Jméno : Yi Do
- Místo narození: Soul (Hanyang)
- Datum : 15. května 1397 - 17. února
- Vláda : srpen 1418 - únor 1450 (31 let, 6 měsíců)

겹자음과 겹모음

3. kapitola Dvojité souhlásky a dvojité samohlásky

01 겹자음 [Dvojité souhlásky]

월   일

겹자음 읽기 [Čtení dvojitých souhlásek]

ㄲ	ㄸ	ㅃ	ㅆ	ㅉ
쌍기역 (Ssanggiyeok)	쌍디귿 (Ssangdigeut)	쌍비읍 (Ssangbieup)	쌍시옷 (Ssangsiot)	쌍지읒 (Ssangjieut)

겹자음 쓰기 [Psaní dvojitých souhlásek]

ㄲ	ㄸ	ㅃ	ㅆ	ㅉ
쌍기역 (Ssanggiyeok)	쌍디귿 (Ssangdigeut)	쌍비읍 (Ssangbieup)	쌍시옷 (Ssangsiot)	쌍지읒 (Ssangjieut)

겹자음 익히기 [Procvičování dvojitých souhlásek]

다음 겹자음을 쓰는 순서에 맞게 따라 쓰세요.
(Postupujte podle níže uvedeného pořadí tahů a zkopírujte každou dvojitou souhlásku.)

겹자음 Dvojité souhlásky	이름 Název	쓰는 순서 Pořadí tahu	영어 표기 Anglická notace	쓰기 Psaní				
ㄲ	쌍기역	ㄲ	Ssanggiyeok	ㄲ				
ㄸ	쌍디귿	ㄸ	Ssangdigeut	ㄸ				
ㅃ	쌍비읍	ㅃ	Ssangbieup	ㅃ				
ㅆ	쌍시옷	ㅆ	Ssangsiot	ㅆ				
ㅉ	쌍지읒	ㅉ	Ssangjieut	ㅉ				

02 겹모음 [Dvojité souhlásky]

겹모음 읽기 [Čtení dvojitých samohlásek]

ㅐ	ㅔ	ㅒ	ㅖ	ㅘ
애(Ae)	에(E)	얘(Yae)	예(Ye)	와(Wa)
ㅙ	ㅚ	ㅝ	ㅞ	ㅟ
왜(Wae)	외(Oe)	워(Wo)	웨(We)	위(Wi)
ㅢ				
의(Ui)				

겹모음 쓰기 [Psaní dvojitých samohlásek]

애(Ae)	에(E)	얘(Yae)	예(Ye)	와(Wa)
왜(Wae)	외(Oe)	워(Wo)	웨(We)	위(Wi)
의(Ui)				

02 겹모음 [Dvojité samohlásky]

월   일

 겹모음 익히기 [Procvičování dvojitých samohlásek]

다음 겹모음을 쓰는 순서에 맞게 따라 쓰세요.

(Postupujte podle uvedeného pořadí tahů a jednotlivé dvojité souhlásky napište podle vzoru.)

겹모음 Dvojité samohlásky	이름 Název	쓰는 순서 Pořadí tahu	영어 표기 Anglická notace	쓰기 Psaní				
ㅐ	애		Ae	ㅐ				
ㅔ	에		E	ㅔ				
ㅒ	애		Yae	ㅒ				
ㅖ	예		Ye	ㅖ				
ㅘ	와		Wa	ㅘ				
ㅙ	왜		Wae	ㅙ				
ㅚ	외		Oe	ㅚ				
ㅝ	워		Wo	ㅝ				
ㅞ	웨		We	ㅞ				
ㅟ	위		Wi	ㅟ				
ㅢ	의		Ui	ㅢ				

음절표

4. kapitola Tabulka slabik

자음＋모음(ㅏ) 읽기 [Čtení souhlásky + samohlásky (ㅏ)]

가	나	다	라	마
Ga	Na	Da	Ra	Ma
바	사	아	자	차
Ba	Sa	A	Ja	Cha
카	타	파	하	
Ka	Ta	Pa	Ha	

자음＋모음(ㅏ) 쓰기 [Psaní souhlásky + samohlásky (ㅏ)]

가	나	다	라	마
Ga	Na	Da	Ra	Ma
바	사	아	자	차
Ba	Sa	A	Ja	Cha
카	타	파	하	
Ka	Ta	Pa	Ha	

이 자음＋모음 (ㅏ)

[Souhláska + samohláska (ㅏ)]

자음＋모음 (ㅏ) 익히기 [Procvičování souhlásky + samohlásky (ㅏ)]

다음 자음＋모음 (ㅏ)을 쓰는 순서에 맞게 따라 쓰세요.

(Postupujte podle níže uvedeného pořadí tahů a každou kombinaci souhlásek + samohlásek (ㅏ))

자음＋모음 (ㅏ) Souhláska + samohláska (ㅏ)	이름 Název	쓰는 순서 Pořadí tahu	영어 표기 Anglická notace	쓰기 Psaní				
ㄱ＋ㅏ	가	가	Ga	가				
ㄴ＋ㅏ	나	나	Na	나				
ㄷ＋ㅏ	다	다	Da	다				
ㄹ＋ㅏ	라	라	Ra	라				
ㅁ＋ㅏ	마	마	Ma	마				
ㅂ＋ㅏ	바	바	Ba	바				
ㅅ＋ㅏ	사	사	Sa	사				
ㅇ＋ㅏ	아	아	A	아				
ㅈ＋ㅏ	자	자	Ja	자				
ㅊ＋ㅏ	차	차	Cha	차				
ㅋ＋ㅏ	카	카	Ka	카				
ㅌ＋ㅏ	타	타	Ta	타				
ㅍ＋ㅏ	파	파	Pa	파				
ㅎ＋ㅏ	하	하	Ha	하				

[Souhláska + samohláska (ㅓ)]

월   일

자음+모음(ㅓ) 읽기 [Čtení souhlásky + samohlásky (ㅓ)]

거	너	더	러	머
Geo	Neo	Deo	Reo	Meo
버	서	어	저	처
Beo	Seo	Eo	Jeo	Cheo
커	터	퍼	허	
Keo	Teo	Peo	Heo	

자음+모음(ㅓ) 쓰기 [Psaní souhlásky + samohlásky (ㅓ)]

거	너	더	러	머
Geo	Neo	Deo	Reo	Meo
버	서	어	저	처
Beo	Seo	Eo	Jeo	Cheo
커	터	퍼	허	
Keo	Teo	Peo	Heo	

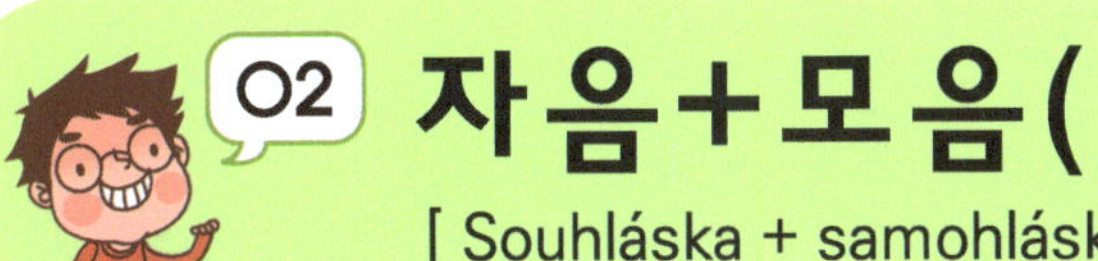 

02 자음+모음(ㅓ)

[Souhláska + samohláska (ㅓ)]

자음+모음(ㅓ) 익히기 [Procvičování souhlásky + samohlásky (ㅓ)]

다음 자음+모음(ㅓ)을 쓰는 순서에 맞게 따라 쓰세요.

(Postupujte podle níže uvedeného pořadí tahů a každou kombinaci souhlásek + samohlásek (ㅓ))

자음+모음(ㅓ) Souhláska + samohláska (ㅓ)	이름 Název	쓰는 순서 Pořadí tahu	영어 표기 Anglická notace	쓰기 Psaní				
ㄱ+ㅓ	거	거	Geo	거				
ㄴ+ㅓ	너	너	Neo	너				
ㄷ+ㅓ	더	더	Deo	더				
ㄹ+ㅓ	러	러	Reo	러				
ㅁ+ㅓ	머	머	Meo	머				
ㅂ+ㅓ	버	버	Beo	버				
ㅅ+ㅓ	서	서	Seo	서				
ㅇ+ㅓ	어	어	Eo	어				
ㅈ+ㅓ	저	저	Jeo	저				
ㅊ+ㅓ	처	처	Cheo	처				
ㅋ+ㅓ	커	커	Keo	커				
ㅌ+ㅓ	터	터	Teo	터				
ㅍ+ㅓ	퍼	퍼	Peo	퍼				
ㅎ+ㅓ	허	허	Heo	허				

03 자음+모음 (ㅗ)
[Souhláska + samohláska (ㅗ)]

자음+모음(ㅗ) 읽기 [Čtení souhlásky + samohlásky (ㅗ)]

고	노	도	로	모
Go	No	Do	Ro	Mo
보	소	오	조	초
Bo	So	O	Jo	Cho
코	토	포	호	
Ko	To	Po	Ho	

자음+모음(ㅗ) 쓰기 [Psaní souhlásky + samohlásky (ㅗ)]

고	노	도	로	모
Go	No	Do	Ro	Mo
보	소	오	조	초
Bo	So	O	Jo	Cho
코	토	포	호	
Ko	To	Po	Ho	

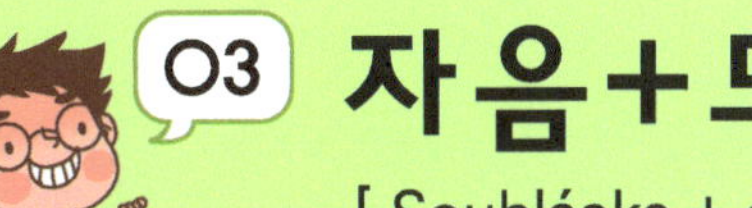

03 자음+모음(ㅗ)

[Souhláska + samohláska (ㅗ)]

자음+모음(ㅗ) 익히기 [Procvičování souhlásky + samohlásky (ㅗ)]

다음 자음+모음(ㅗ)을 쓰는 순서에 맞게 따라 쓰세요.

(Postupujte podle níže uvedeného pořadí tahů a každou kombinaci souhlásek + samohlásek (ㅗ))

자음+모음(ㅗ) Souhláska + samohláska (ㅗ)	이름 Název	쓰는 순서 Pořadí tahu	영어 표기 Anglická notace	쓰기 Psaní					
ㄱ+ㅗ	고		Go	고					
ㄴ+ㅗ	노		No	노					
ㄷ+ㅗ	도		Do	도					
ㄹ+ㅗ	로		Ro	로					
ㅁ+ㅗ	모		Mo	모					
ㅂ+ㅗ	보		Bo	보					
ㅅ+ㅗ	소		So	소					
ㅇ+ㅗ	오		O	오					
ㅈ+ㅗ	조		Jo	조					
ㅊ+ㅗ	초		Cho	초					
ㅋ+ㅗ	코		Ko	코					
ㅌ+ㅗ	토		To	토					
ㅍ+ㅗ	포		Po	포					
ㅎ+ㅗ	호		Ho	호					

04 자음+모음(ㅜ)

[Souhláska + samohláska (ㅜ)]

월   일

자음+모음(ㅜ) 읽기 [Čtení souhlásky + samohlásky (ㅜ)]

구	누	두	루	무
Gu	Nu	Du	Ru	Mu
부	수	우	주	추
Bu	Su	U	Ju	Chu
쿠	투	푸	후	
Ku	Tu	Pu	Hu	

자음+모음(ㅜ) 쓰기 [Psaní souhlásky + samohlásky (ㅜ)]

구	누	두	루	무
Gu	Nu	Du	Ru	Mu
부	수	우	주	추
Bu	Su	U	Ju	Chu
쿠	투	푸	후	
Ku	Tu	Pu	Hu	

04 자음+모음(ㅜ)
[Souhláska + samohláska (ㅜ)]

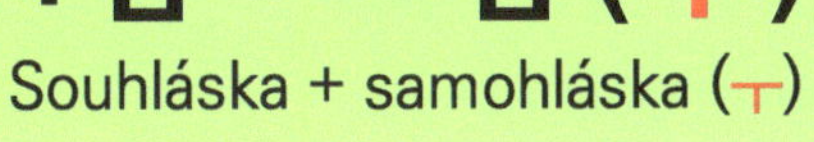

월 일

자음+모음(ㅜ) 익히기 [Procvičování souhlásky + samohlásky (ㅜ)]

다음 자음+모음(ㅜ)을 쓰는 순서에 맞게 따라 쓰세요.

(Postupujte podle níže uvedeného pořadí tahů a každou kombinaci souhlásek + samohlásek (ㅜ))

자음+모음(ㅜ) Souhláska + samohláska (ㅜ)	이름 Název	쓰는 순서 Pořadí tahu	영어 표기 Anglická notace	쓰기 Psaní					
ㄱ+ㅜ	구	구	Gu	구					
ㄴ+ㅜ	누	누	Nu	누					
ㄷ+ㅜ	두	두	Du	두					
ㄹ+ㅜ	루	루	Ru	루					
ㅁ+ㅜ	무	무	Mu	무					
ㅂ+ㅜ	부	부	Bu	부					
ㅅ+ㅜ	수	수	Su	수					
ㅇ+ㅜ	우	우	U	우					
ㅈ+ㅜ	주	주	Ju	주					
ㅊ+ㅜ	추	추	Chu	추					
ㅋ+ㅜ	쿠	쿠	Ku	쿠					
ㅌ+ㅜ	투	투	Tu	투					
ㅍ+ㅜ	푸	푸	Pu	푸					
ㅎ+ㅜ	후	후	Hu	후					

05 자음+모음(ㅡ)
[Souhláska + samohláska (ㅡ)]

월   일

자음+모음(ㅡ) 읽기 [Čtení souhlásky + samohlásky (ㅡ)]

그	느	드	르	므
Geu	Neu	Deu	Reu	Meu
브	스	으	즈	츠
Beu	Seu	Eu	Jeu	Cheu
크	트	프	흐	
Keu	Teu	Peu	Heu	

자음+모음(ㅡ) 쓰기 [Psaní souhlásky + samohlásky (ㅡ)]

그	느	드	르	므
Geu	Neu	Deu	Reu	Meu
브	스	으	즈	츠
Beu	Seu	Eu	Jeu	Cheu
크	트	프	흐	
Keu	Teu	Peu	Heu	

자음+모음(ㅡ)

[Souhláska + samohláska (ㅡ)]

월 일

자음+모음(ㅡ) 익히기 [Procvičování souhlásky + samohlásky (ㅡ)]

다음 자음+모음(ㅡ)을 쓰는 순서에 맞게 따라 쓰세요.

(Postupujte podle níže uvedeného pořadí tahů a každou kombinaci souhlásek + samohlásek (ㅡ))

자음+모음(ㅡ) Souhláska + samohláska (ㅡ)	이름 Název	쓰는 순서 Pořadí tahu	영어 표기 Anglická notace	쓰기 Psaní				
ㄱ+ㅡ	그		Geu	그				
ㄴ+ㅡ	느		Neu	느				
ㄷ+ㅡ	드		Deu	드				
ㄹ+ㅡ	르		Reu	르				
ㅁ+ㅡ	므		Meu	므				
ㅂ+ㅡ	브		Beu	브				
ㅅ+ㅡ	스		Seu	스				
ㅇ+ㅡ	으		Eu	으				
ㅈ+ㅡ	즈		Jeu	즈				
ㅊ+ㅡ	츠		Cheu	츠				
ㅋ+ㅡ	크		Keu	크				
ㅌ+ㅡ	트		Teu	트				
ㅍ+ㅡ	프		Peu	프				
ㅎ+ㅡ	흐		Heu	흐				

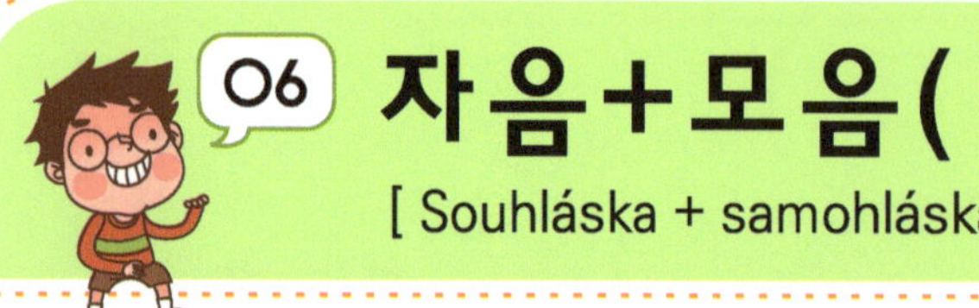

06 자음+모음(ㅑ)
[Souhláska + samohláska (ㅑ)]

월　일

자음+모음(ㅑ) 읽기 [Čtení souhlásky + samohlásky (ㅑ)]

갸	냐	댜	랴	먀
Gya	Nya	Dya	Rya	Mya
뱌	샤	야	쟈	챠
Bya	Sya	Ya	Jya	Chya
캬	탸	퍄	햐	
Kya	Tya	Pya	Hya	

자음+모음(ㅑ) 쓰기 [Psaní souhlásky + samohlásky (ㅑ)]

갸	냐	댜	랴	먀
Gya	Nya	Dya	Rya	Mya
뱌	샤	야	쟈	챠
Bya	Sya	Ya	Jya	Chya
캬	탸	퍄	햐	
Kya	Tya	Pya	Hya	

06 자음+모음 (ㅑ)

[Souhláska + samohláska (ㅑ)]

월   일

자음+모음 (ㅑ) 익히기 [Procvičování souhlásky + samohlásky (ㅑ)]

다음 자음+모음(ㅑ)을 쓰는 순서에 맞게 따라 쓰세요.

(Postupujte podle níže uvedeného pořadí tahů a každou kombinaci souhlásek + samohlásek (ㅑ))

자음+모음 (ㅑ) Souhláska + samohláska (ㅑ)	이름 Název	쓰는 순서 Pořadí tahu	영어 표기 Anglická notace	쓰기 Psaní				
ㄱ+ㅑ	갸	갸	Gya	갸				
ㄴ+ㅑ	냐	냐	Nya	냐				
ㄷ+ㅑ	댜	댜	Dya	댜				
ㄹ+ㅑ	랴	랴	Rya	랴				
ㅁ+ㅑ	먀	먀	Mya	먀				
ㅂ+ㅑ	뱌	뱌	Bya	뱌				
ㅅ+ㅑ	샤	샤	Sya	샤				
ㅇ+ㅑ	야	야	Ya	야				
ㅈ+ㅑ	쟈	쟈	Jya	쟈				
ㅊ+ㅑ	챠	챠	Chya	챠				
ㅋ+ㅑ	캬	캬	Kya	캬				
ㅌ+ㅑ	탸	탸	Tya	탸				
ㅍ+ㅑ	퍄	퍄	Pya	퍄				
ㅎ+ㅑ	햐	햐	Hya	햐				

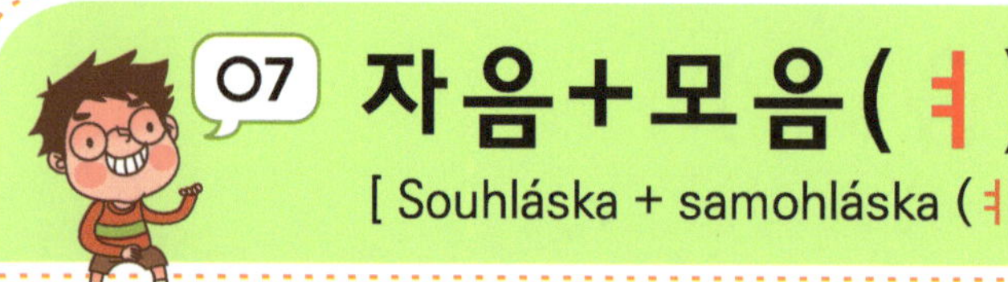

07 자음+모음 (ㅕ)

[Souhláska + samohláska (ㅕ)]

월   일

겨	녀	뎌	려	며
Gyeo	Nyeo	Dyeo	Ryeo	Myeo
벼	셔	여	져	쳐
Byeo	Syeo	Yeo	Jyeo	Chyeo
켜	텨	펴	혀	
Kya	Tyeo	Pyeo	Hyeo	

겨	녀	뎌	려	며
Gyeo	Nyeo	Dyeo	Rya	Myeo
벼	셔	여	져	쳐
Byeo	Syeo	Yeo	Jyeo	Chyeo
켜	텨	펴	혀	
Kyeo	Tyeo	Pyeo	Hyeo	

07 자음+모음(ㅕ)

[Souhláska + samohláska (ㅕ)]

자음+모음(ㅕ) 익히기 [Procvičování souhlásky + samohlásky (ㅕ)]

다음 자음+모음(ㅕ)을 쓰는 순서에 맞게 따라 쓰세요.

(Postupujte podle níže uvedeného pořadí tahů a každou kombinaci souhlásek + samohlásek (ㅕ))

자음+모음(ㅕ) Souhláska + samohláska (ㅕ)	이름 Název	쓰는 순서 Pořadí tahu	영어 표기 Anglická notace	쓰기 Psaní			
ㄱ+ㅕ	겨	겨	Gyeo	겨			
ㄴ+ㅕ	녀	녀	Nyeo	녀			
ㄷ+ㅕ	뎌	뎌	Dyeo	뎌			
ㄹ+ㅕ	려	려	Ryeo	려			
ㅁ+ㅕ	며	며	Myeo	며			
ㅂ+ㅕ	벼	벼	Byeo	벼			
ㅅ+ㅕ	셔	셔	Syeo	셔			
ㅇ+ㅕ	여	여	Yeo	여			
ㅈ+ㅕ	져	져	Jyeo	져			
ㅊ+ㅕ	쳐	쳐	Chyeo	쳐			
ㅋ+ㅕ	켜	켜	Kyeo	켜			
ㅌ+ㅕ	텨	텨	Tyeo	텨			
ㅍ+ㅕ	펴	펴	Pyeo	펴			
ㅎ+ㅕ	펴	혀	Hyeo	혀			

자음+모음 (ㅛ)

[Souhláska + samohláska (ㅛ)]

월   일

자음+모음(ㅛ) 읽기 [Čtení souhlásky + samohlásky (ㅛ)]

교	뇨	됴	료	묘
Gyo	Nyo	Dyo	Ryo	Myo
뵤	쇼	요	죠	쵸
Byo	Syo	Yo	Jyo	Chyo
쿄	툐	표	효	
Kyo	Tyo	Pyo	Hyo	

자음+모음(ㅛ) 쓰기 [Psaní souhlásky + samohlásky (ㅛ)]

교	뇨	됴	료	묘
Gyo	Nyo	Dyo	Ryo	Myo
뵤	쇼	요	죠	쵸
Byo	Syo	Yo	Jyo	Chyo
쿄	툐	표	효	
Kyo	Tyo	Pyo	Hyo	

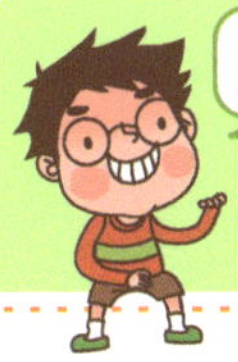

08 자음+모음(ㅛ)

[Souhláska + samohláska (ㅛ)]

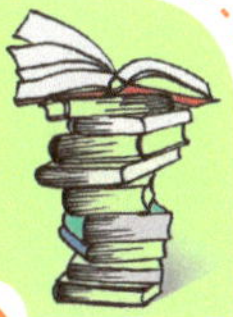

월   일

자음+모음(ㅛ) 익히기 [Procvičování souhlásky + samohlásky (ㅛ)]

다음 자음+모음(ㅛ)을 쓰는 순서에 맞게 따라 쓰세요.

(Postupujte podle níže uvedeného pořadí tahů a každou kombinaci souhlásek + samohlásek (ㅛ))

자음+모음(ㅛ) Souhláska + samohláska (ㅛ)	이름 Název	쓰는 순서 Pořadí tahu	영어 표기 Anglická notace	쓰기 Psaní				
ㄱ+ㅛ	교		Gyo	교				
ㄴ+ㅛ	뇨		Nyo	뇨				
ㄷ+ㅛ	됴		Dyo	됴				
ㄹ+ㅛ	료		Ryo	료				
ㅁ+ㅛ	묘		Myo	묘				
ㅂ+ㅛ	뵤		Byo	뵤				
ㅅ+ㅛ	쇼		Syo	쇼				
ㅇ+ㅛ	요		Yo	요				
ㅈ+ㅛ	죠		Jyo	죠				
ㅊ+ㅛ	쵸		Chyo	쵸				
ㅋ+ㅛ	쿄		Kyo	쿄				
ㅌ+ㅛ	툐		Tyo	툐				
ㅍ+ㅛ	표		Pyo	표				
ㅎ+ㅛ	효		Hyo	효				

자음+모음(ㅠ) 읽기 [Čtení souhlásky + samohlásky (ㅠ)]

규	뉴	듀	류	뮤
Gyu	Nyu	Dyu	Ryu	Myu
뷰	슈	유	쥬	츄
Byu	Syu	Yu	Jyu	Chyu
큐	튜	퓨	휴	
Kyu	Tyu	Pyu	Hyu	

자음+모음(ㅠ) 쓰기 [Psaní souhlásky + samohlásky (ㅠ)]

규	뉴	듀	류	뮤
Gyu	Nyu	Dyu	Ryu	Myu
뷰	슈	유	쥬	츄
Byu	Syu	Yu	Jyu	Chyu
큐	튜	퓨	휴	
Kyu	Tyu	Pyu	Hyu	

09 자음＋모음 (ㅠ)

[Souhláska + samohláska (ㅠ)]

자음＋모음(ㅠ) 익히기 [Procvičování souhlásky + samohlásky (ㅠ)]

다음 자음＋모음(ㅠ)을 쓰는 순서에 맞게 따라 쓰세요.

(Postupujte podle níže uvedeného pořadí tahů a každou kombinaci souhlásek + samohlásek (ㅠ))

자음＋모음(ㅠ) Souhláska + samohláska (ㅠ)	이름 Název	쓰는 순서 Pořadí tahu	영어 표기 Anglická notace	쓰기 Psaní				
ㄱ＋ㅠ	규		Gyu	규				
ㄴ＋ㅠ	뉴		Nyu	뉴				
ㄷ＋ㅠ	듀		Dyu	듀				
ㄹ＋ㅠ	류		Ryu	류				
ㅁ＋ㅠ	뮤		Myu	뮤				
ㅂ＋ㅠ	뷰		Byu	뷰				
ㅅ＋ㅠ	슈		Syu	슈				
ㅇ＋ㅠ	유		Yu	유				
ㅈ＋ㅠ	쥬		Jyu	쥬				
ㅊ＋ㅠ	츄		Chyu	츄				
ㅋ＋ㅠ	큐		Kyu	큐				
ㅌ＋ㅠ	튜		Tyu	튜				
ㅍ＋ㅠ	퓨		Pyu	퓨				
ㅎ＋ㅠ	휴		Hyu	휴				

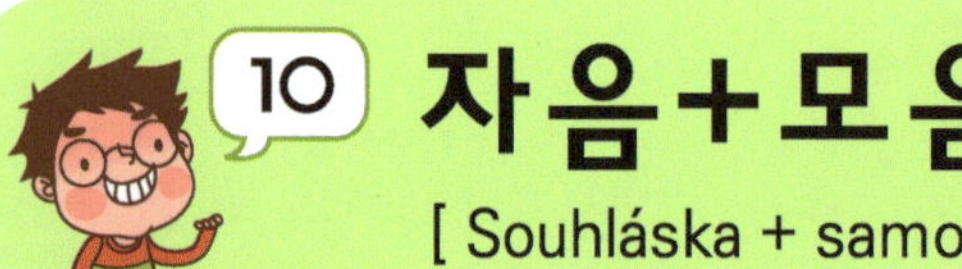

10 자음+모음(ㅣ)

[Souhláska + samohláska (ㅣ)]

자음+모음(ㅣ) 읽기 [Čtení souhlásky + samohlásky (ㅣ)]

기	니	디	리	미
Gi	Ni	Di	Ri	Mi
비	시	이	지	치
Bi	Si	I	Ji	Chi
키	티	피	히	
Ki	Ti	Pi	Hi	

자음+모음(ㅣ) 쓰기 [Psaní souhlásky + samohlásky (ㅣ)]

기	니	디	리	미
Gi	Ni	Di	Ri	Mi
비	시	이	지	치
Bi	Si	I	Ji	Chi
키	티	피	히	
Ki	Ti	Pi	Hi	

10 자음+모음(ㅣ)
[Souhláska + samohláska (ㅣ)]

자음+모음(ㅣ) 익히기 [Procvičování souhlásky + samohlásky (ㅣ)]

다음 자음+모음(ㅣ)을 쓰는 순서에 맞게 따라 쓰세요.

(Postupujte podle níže uvedeného pořadí tahů a každou kombinaci souhlásek + samohlásek (ㅣ))

자음+모음(ㅣ) Souhláska + samohláska (ㅣ)	이름 Název	쓰는 순서 Pořadí tahu	영어 표기 Anglická notace	쓰기 Psaní			
ㄱ+ㅣ	기	기	Gi	기			
ㄴ+ㅣ	니	니	Ni	니			
ㄷ+ㅣ	디	디	Di	디			
ㄹ+ㅣ	리	리	Ri	리			
ㅁ+ㅣ	미	미	Mi	미			
ㅂ+ㅣ	비	비	Bi	비			
ㅅ+ㅣ	시	시	Si	시			
ㅇ+ㅣ	이	이	I	이			
ㅈ+ㅣ	지	지	Ji	지			
ㅊ+ㅣ	치	치	Chi	치			
ㅋ+ㅣ	키	키	Ki	키			
ㅌ+ㅣ	티	티	Ti	티			
ㅍ+ㅣ	피	피	Pi	피			
ㅎ+ㅣ	히	히	Hi	히			

한글 자음과 모음 받침표

[Tabulka souhlásek, samohlásek a koncových souhlásek hangulu]

월  일

※ 참고 : 받침 'ㄱ~ㅎ'(49p~62P)에서 학습할 내용

mp3 / 받침	가	나	다	라	마	바	사	아	자	차	카	타	파	하
ㄱ	각	낙	닥	락	막	박	삭	악	작	착	칵	탁	팍	학
ㄴ	간	난	단	란	만	반	산	안	잔	찬	칸	탄	판	한
ㄷ	갇	낟	닫	랃	맏	받	삳	앋	잗	찯	칻	탇	팓	핟
ㄹ	갈	날	달	랄	말	발	살	알	잘	찰	칼	탈	팔	할
ㅁ	감	남	담	람	맘	밤	삼	암	잠	참	캄	탐	팜	함
ㅂ	갑	납	답	랍	맙	밥	삽	압	잡	찹	캅	탑	팝	합
ㅅ	갓	낫	닷	랏	맛	밧	삿	앗	잣	찻	캇	탓	팟	핫
ㅇ	강	낭	당	랑	망	방	상	앙	장	창	캉	탕	팡	항
ㅈ	갖	낮	닺	랒	맞	밪	샂	앚	잦	찾	캊	탖	팢	핮
ㅊ	갗	낯	닻	랓	맟	밫	샃	앛	잧	찿	캋	탗	팣	핯
ㅋ	각	낙	닥	락	막	박	삭	악	작	착	칵	탁	팍	학
ㅌ	같	낱	닽	랕	맡	밭	샅	앝	잩	챁	캍	탙	팥	핱
ㅍ	갚	낲	닾	랖	맢	밮	샆	앞	잪	챂	캎	탚	팦	핲
ㅎ	갛	낳	닿	랗	맣	밯	샇	앟	잫	챃	캏	탛	팧	핳

자음과 겹모음

5. kapitola Souhlásky a dvojité samohlásky

국어국립원의 '우리말샘'에 등록되지 않은 글자. 또는 쓰임이 적은 글자를 아래와 같이 수록하니, 학습에 참고하시길 바랍니다.

페이지	'우리말샘'에 등록되지 않은 글자. 또는 쓰임이 적은 글자
42p	뎨(Dye) 볘(Bye) 졔(Jye) 쳬(Chye) 톄(Tye)
43p	똬(Dwa) 롸(Rwa) 뫄(Mwa) 퇘(Twa) 퐈(Pwa)
44p	놰(Nwae) 뢔(Rwae) 뫠(Mwae) 쵀(Chwae) 퐤(Pwae)
46p	풔(Pwo)
48p	듸(Dui) 릐(Rui) 믜(Mui) 븨(Bui) 싀(Sui) 즤(Jui) 츼(Chui) 킈(Kui)
51p	랕(Rat) 앝(At) 챁(Chat) 캍(Kat) 탙(Tat) 팥(Pat)
57p	샃(Sat) 캋(Kat) 탗(Tat) 팢(Pat) 핫(Hat)
58p	랓(Rat) 맞(Mat) 밫(Bat) 샃(Sat) 앚(At) 잧(Jat) 챃(Chat) 캋(Chat) 탗(Tat) 팣(Pat) 핫(Hat)
59p	각(Gak) 낙(Nak) 닥(Dak) 락(Rak) 막(Mak) 박(Bak) 삭(Sak) 작(Jak) 착(Chak) 칵(Kak) 팍(Pak) 학(Hak)
60p	닽(Dat) 랕(Rat) 잩(Jat) 챁(Chat) 캍(Kat) 탙(Tat) 핱(Hat)
61p	닲(Dap) 맢(Map) 밥(Bap) 챂(Chap) 캎(Kap) 탚(Tap) 팦(Pap) 핲(Hap)
62p	밭(Bat) 샅(Sat) 앝(At) 잩(Jat) 챁(Chat) 캍(Kat) 탙(Tat) 팥(Pat) 핱(Hat)

자음+겹모음 (ㅐ)
[Souhláska + dvojitá samohláska (ㅐ)]

월   일

자음+겹모음 (ㅐ) [Souhláska + dvojitá samohláska (ㅐ)]

다음 자음+겹모음(ㅐ)을 쓰는 순서에 맞게 따라 쓰세요.

(Postupujte podle níže uvedeného pořadí tahů a každou kombinaci souhlásek
  + dvojitých samohlásek (ㅐ))

자음+겹모음 (ㅐ) Souhláska + dvojitá samohláska (ㅐ)	영어 표기 Anglická notace	쓰기 Psaní				
ㄱ+ㅐ	Gae	개				
ㄴ+ㅐ	Nae	내				
ㄷ+ㅐ	Dae	대				
ㄹ+ㅐ	Rae	래				
ㅁ+ㅐ	Mae	매				
ㅂ+ㅐ	Bae	배				
ㅅ+ㅐ	Sae	새				
ㅇ+ㅐ	Ae	애				
ㅈ+ㅐ	Jae	재				
ㅊ+ㅐ	Chae	채				
ㅋ+ㅐ	Kae	캐				
ㅌ+ㅐ	Tae	태				
ㅍ+ㅐ	Pae	패				
ㅎ+ㅐ	Hae	해				

 **02** 자음＋겹모음 (ㅔ)
[Souhláska + dvojitá samohláska (ㅔ)]

자음＋겹모음 (ㅔ) [Souhláska + dvojitá samohláska (ㅔ)]

다음 자음＋겹모음(ㅔ)을 쓰는 순서에 맞게 따라 쓰세요.

(Postupujte podle níže uvedeného pořadí tahů a každou kombinaci souhlásek
  + dvojitých samohlásek (ㅔ))

자음＋겹모음(ㅔ) Souhláska + dvojitá samohláska (ㅔ)	영어 표기 Anglická notace	쓰기 Psaní				
ㄱ＋ㅔ	Ge	게				
ㄴ＋ㅔ	Ne	네				
ㄷ＋ㅔ	De	데				
ㄹ＋ㅔ	Re	레				
ㅁ＋ㅔ	Me	메				
ㅂ＋ㅔ	Be	베				
ㅅ＋ㅔ	Se	세				
ㅇ＋ㅔ	E	에				
ㅈ＋ㅔ	Je	제				
ㅊ＋ㅔ	Che	체				
ㅋ＋ㅔ	Ke	케				
ㅌ＋ㅔ	Te	테				
ㅍ＋ㅔ	Pe	페				
ㅎ＋ㅔ	He	헤				

03 자음+겹모음(ㅖ)
[Souhláska + dvojitá samohláska (ㅖ)]

월   일

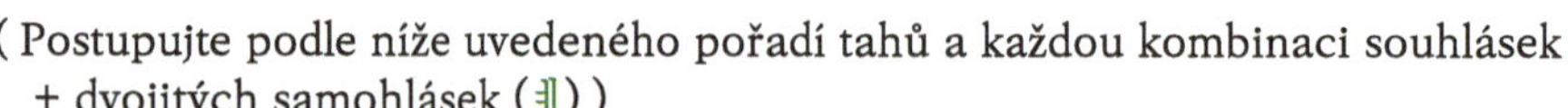

자음+겹모음(ㅖ) [Souhláska + dvojitá samohláska (ㅖ)]

다음 자음+겹모음(ㅖ)을 쓰는 순서에 맞게 따라 쓰세요.

(Postupujte podle níže uvedeného pořadí tahů a každou kombinaci souhlásek
  + dvojitých samohlásek (ㅖ))

자음+겹모음(ㅖ) Souhláska + dvojitá samohláska (ㅖ)	영어 표기 Anglická notace	쓰기 Psaní					
ㄱ+ㅖ	Gye	계					
ㄴ+ㅖ	Nye	녜					
ㄷ+ㅖ	Dye	뎨					
ㄹ+ㅖ	Rye	례					
ㅁ+ㅖ	Mye	몌					
ㅂ+ㅖ	Bye	볘					
ㅅ+ㅖ	Sye	셰					
ㅇ+ㅖ	Ye	예					
ㅈ+ㅖ	Jye	졔					
ㅊ+ㅖ	Chye	쳬					
ㅋ+ㅖ	Kye	켸					
ㅌ+ㅖ	Tye	톄					
ㅍ+ㅖ	Pye	폐					
ㅎ+ㅖ	Hye	혜					

04 자음+겹모음 (ㅘ)

[Souhláska + dvojitá samohláska (ㅘ)]

월 　 일

자음+겹모음 (ㅘ) [Souhláska + dvojitá samohláska (ㅘ)]

다음 자음+겹모음(ㅘ)을 쓰는 순서에 맞게 따라 쓰세요.

(Postupujte podle níže uvedeného pořadí tahů a každou kombinaci souhlásek
+ dvojitých samohlásek (ㅘ))

자음+겹모음 (ㅘ) Souhláska + dvojitá samohláska (ㅘ)	영어 표기 Anglická notace	쓰기 Psaní				
ㄱ+ㅘ	Gwa	과				
ㄴ+ㅘ	Nwa	놔				
ㄷ+ㅘ	Dwa	돠				
ㄹ+ㅘ	Rwa	롸				
ㅁ+ㅘ	Mwa	뫄				
ㅂ+ㅘ	Bwa	봐				
ㅅ+ㅘ	Swa	솨				
ㅇ+ㅘ	Wa	와				
ㅈ+ㅘ	Jwa	좌				
ㅊ+ㅘ	Chwa	촤				
ㅋ+ㅘ	Kwa	콰				
ㅌ+ㅘ	Twa	톼				
ㅍ+ㅘ	Pwa	퐈				
ㅎ+ㅘ	Hwa	화				

05 자음+겹모음(ㅙ)
[Souhláska + dvojitá samohláska (ㅙ)]

월 일

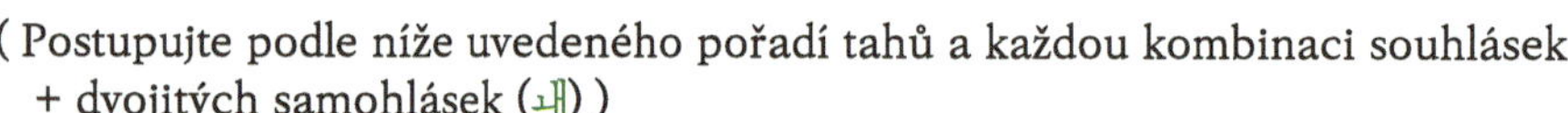 자음+겹모음(ㅙ) [Souhláska + dvojitá samohláska (ㅙ)]

다음 자음+겹모음(ㅙ)을 쓰는 순서에 맞게 따라 쓰세요.

(Postupujte podle níže uvedeného pořadí tahů a každou kombinaci souhlásek
+ dvojitých samohlásek (ㅙ))

자음+겹모음(ㅙ) Souhláska + dvojitá samohláska (ㅙ)	영어 표기 Anglická notace	쓰기 Psaní					
ㄱ+ㅙ	Gwae	괘					
ㄴ+ㅙ	Nwae	놰					
ㄷ+ㅙ	Dwae	돼					
ㄹ+ㅙ	Rwae	뢔					
ㅁ+ㅙ	Mwae	뫠					
ㅂ+ㅙ	Bwae	봬					
ㅅ+ㅙ	Swae	쇄					
ㅇ+ㅙ	Wae	왜					
ㅈ+ㅙ	Jwae	좨					
ㅊ+ㅙ	Chwae	쵀					
ㅋ+ㅙ	Kwae	쾌					
ㅌ+ㅙ	Twae	퇘					
ㅍ+ㅙ	Pwae	퐤					
ㅎ+ㅙ	Hwae	홰					

06 자음+겹모음 (ㅚ)
[Souhláska + dvojitá samohláska (ㅚ)]

자음+겹모음 (ㅚ) [Souhláska + dvojitá samohláska (ㅚ)]

다음 자음+겹모음(ㅚ)을 쓰는 순서에 맞게 따라 쓰세요.

(Postupujte podle níže uvedeného pořadí tahů a každou kombinaci souhlásek
+ dvojitých samohlásek (ㅚ))

자음+겹모음 (ㅚ) Souhláska + dvojitá samohláska (ㅚ)	영어 표기 Anglická notace	쓰기 Psaní					
ㄱ+ㅚ	Goe	괴					
ㄴ+ㅚ	Noe	뇌					
ㄷ+ㅚ	Doe	되					
ㄹ+ㅚ	Roe	뢰					
ㅁ+ㅚ	Moe	뫼					
ㅂ+ㅚ	Boe	뵈					
ㅅ+ㅚ	Soe	쇠					
ㅇ+ㅚ	Oe	외					
ㅈ+ㅚ	Joe	죄					
ㅊ+ㅚ	Choe	최					
ㅋ+ㅚ	Koe	쾨					
ㅌ+ㅚ	Toe	퇴					
ㅍ+ㅚ	Poe	푀					
ㅎ+ㅚ	Hoe	회					

자음＋겹모음(ᅯ) [Souhláska + dvojitá samohláska (ᅯ)]

다음 자음＋겹모음(ᅯ)을 쓰는 순서에 맞게 따라 쓰세요.

(Postupujte podle níže uvedeného pořadí tahů a každou kombinaci souhlásek
+ dvojitých samohlásek (ᅯ))

자음＋겹모음(ᅯ) Souhláska + dvojitá samohláska (ᅯ)	영어 표기 Anglická notace	쓰기 Psaní					
ㄱ＋ᅯ	Gwo	궈					
ㄴ＋ᅯ	Nwo	눠					
ㄷ＋ᅯ	Dwo	둬					
ㄹ＋ᅯ	Rwo	뤄					
ㅁ＋ᅯ	Mwo	뭐					
ㅂ＋ᅯ	Bwo	붜					
ㅅ＋ᅯ	Swo	숴					
ㅇ＋ᅯ	Wo	워					
ㅈ＋ᅯ	Jwo	줘					
ㅊ＋ᅯ	Chwo	춰					
ㅋ＋ᅯ	Kwo	쿼					
ㅌ＋ᅯ	Two	퉈					
ㅍ＋ᅯ	Pwo	풔					
ㅎ＋ᅯ	Hwo	훠					

자음+겹모음(ㅟ)
[Souhláska + dvojitá samohláska (ㅟ)]

월   일

자음+겹모음(ㅟ) [Souhláska + dvojitá samohláska (ㅟ)]

다음 자음+겹모음(ㅟ)을 쓰는 순서에 맞게 따라 쓰세요.

(Postupujte podle níže uvedeného pořadí tahů a každou kombinaci souhlásek
  + dvojitých samohlásek (ㅟ))

자음+겹모음(ㅟ) Souhláska + dvojitá samohláska (ㅟ)	영어 표기 Anglická notace	쓰기 Psaní					
ㄱ+ㅟ	Gwi	귀					
ㄴ+ㅟ	Nwi	뉘					
ㄷ+ㅟ	Dwi	뒤					
ㄹ+ㅟ	Rwi	뤼					
ㅁ+ㅟ	Mwi	뮈					
ㅂ+ㅟ	Bwi	뷔					
ㅅ+ㅟ	Swi	쉬					
ㅇ+ㅟ	Wi	위					
ㅈ+ㅟ	Jwi	쥐					
ㅊ+ㅟ	Chwi	취					
ㅋ+ㅟ	Kwi	퀴					
ㅌ+ㅟ	Twi	튀					
ㅍ+ㅟ	Pwi	퓌					
ㅎ+ㅟ	Hwi	휘					

09 자음+겹모음 (ㅟ)
[Souhláska + dvojitá samohláska (ㅟ)]

월   일

다음 자음+겹모음(ㅟ)을 쓰는 순서에 맞게 따라 쓰세요.

(Postupujte podle níže uvedeného pořadí tahů a každou kombinaci souhlásek
+ dvojitých samohlásek (ㅟ))

자음+겹모음(ㅟ) Souhláska + dvojitá samohláska (ㅟ)	영어 표기 Anglická notace	쓰기 Psaní				
ㄱ+ㅟ	Gwi	귀				
ㄴ+ㅟ	Nwi	뉘				
ㄷ+ㅟ	Dwi	뒤				
ㄹ+ㅟ	Rwi	뤼				
ㅁ+ㅟ	Mwi	뮈				
ㅂ+ㅟ	Bwi	뷔				
ㅅ+ㅟ	Swi	쉬				
ㅇ+ㅟ	Wi	위				
ㅈ+ㅟ	Jwi	쥐				
ㅊ+ㅟ	Chwi	취				
ㅋ+ㅟ	Kwi	퀴				
ㅌ+ㅟ	Twi	튀				
ㅍ+ㅟ	Pwi	퓌				
ㅎ+ㅟ	Hwi	휘				

10 받침 ㄱ(기역)이 있는 글자
[Sylaby s koncovou souhláskou ㄱ(giyeok)]

받침 ㄱ(기역) [Koncová souhláska ㄱ(giyeok)]

다음 받침 ㄱ(기역)이 들어간 글자를 쓰는 순서에 맞게 따라 쓰세요.
(Postupujte podle níže uvedeného pořadí tahů a každou slabiku obsahující
  koncovou souhlásku ㄱ(giyeok))

받침 ㄱ(기역) Koncová souhláska ㄱ (giyeok)	영어 표기 Anglická notace	쓰기 Psaní					
가+ㄱ	Gak	각					
나+ㄱ	Nak	낙					
다+ㄱ	Dak	닥					
라+ㄱ	Rak	락					
마+ㄱ	Mak	막					
바+ㄱ	Bak	박					
사+ㄱ	Sak	삭					
아+ㄱ	Ak	악					
자+ㄱ	Jak	작					
차+ㄱ	Chak	착					
카+ㄱ	Kak	칵					
타+ㄱ	Tak	탁					
파+ㄱ	Pak	팍					
하+ㄱ	Hak	학					

11 받침 ㄴ(니은)이 있는 글자

[Sylaby s koncovou souhláskou ㄴ(nieun)]

월   일

받침 ㄴ(니은) [Koncová souhláska ㄴ(nieun)]

다음 받침 ㄴ(니은)이 들어간 글자를 쓰는 순서에 맞게 따라 쓰세요.

(Postupujte podle níže uvedeného pořadí tahů a každou slabiku obsahující koncovou souhlásku ㄴ(nieun))

받침 ㄴ(니은) Koncová souhláska ㄴ (nieun)	영어 표기 Anglická notace	쓰기 Psaní				
가+ㄴ	Gan	간				
나+ㄴ	Nan	난				
다+ㄴ	Dan	단				
라+ㄴ	Ran	란				
마+ㄴ	Man	만				
바+ㄴ	Ban	반				
사+ㄴ	San	산				
아+ㄴ	An	안				
자+ㄴ	Jan	잔				
차+ㄴ	Chan	찬				
카+ㄴ	Kan	칸				
타+ㄴ	Tan	탄				
파+ㄴ	Pan	판				
하+ㄴ	Han	한				

12 받침 ㄷ(디귿)이 있는 글자

[Sylaby s koncovou souhláskou ㄷ(digeut)]

받침 ㄷ(디귿) [Koncová souhláska ㄷ(digeut)]

다음 받침 ㄷ(디귿)이 들어간 글자를 쓰는 순서에 맞게 따라 쓰세요.

(Postupujte podle níže uvedeného pořadí tahů a každou slabiku obsahující
koncovou souhlásku ㄷ(digeut))

받침 ㄷ(디귿) Koncová souhláska ㄷ (digeut)	영어 표기 Anglická notace	쓰기 Psaní				
가+ㄷ	Gat	갇				
나+ㄷ	Nat	낟				
다+ㄷ	Dat	닫				
라+ㄷ	Rat	랃				
마+ㄷ	Mat	맏				
바+ㄷ	Bat	받				
사+ㄷ	Sat	삳				
아+ㄷ	At	앋				
자+ㄷ	Jat	잗				
차+ㄷ	Chat	찯				
카+ㄷ	Kat	칻				
타+ㄷ	Tat	탇				
파+ㄷ	Pat	팓				
하+ㄷ	Hat	핟				

13 받침 ㄹ(리을)이 있는 글자

[Sylaby s koncovou souhláskou ㄹ(rieul)]

월   일

받침 ㄹ(리을) [Koncová souhláska ㄹ(rieul)]

다음 받침 ㄹ(리을)이 들어간 글자를 쓰는 순서에 맞게 따라 쓰세요.
(Postupujte podle níže uvedeného pořadí tahů a každou slabiku obsahující
koncovou souhlásku ㄹ(rieul))

받침 ㄹ(리을) Koncová souhláska ㄹ (rieul)	영어 표기 Anglická notace	쓰기 Psaní				
가+ㄹ	Gal	갈				
나+ㄹ	Nal	날				
다+ㄹ	Dal	달				
라+ㄹ	Ral	랄				
마+ㄹ	Mal	말				
바+ㄹ	Bal	발				
사+ㄹ	Sal	살				
아+ㄹ	Al	알				
자+ㄹ	Jal	잘				
차+ㄹ	Chal	찰				
카+ㄹ	Kal	칼				
타+ㄹ	Tal	탈				
파+ㄹ	Pal	팔				
하+ㄹ	Hal	할				

14 받침 ㅁ(미음)이 있는 글자
[Sylaby s koncovou souhláskou ㅁ(mieum)]

받침 ㅁ(미음) [Koncová souhláska ㅁ(mieum)]

다음 받침 ㅁ(미음)이 들어간 글자를 쓰는 순서에 맞게 따라 쓰세요.
(Postupujte podle níže uvedeného pořadí tahů a každou slabiku obsahující
  koncovou souhlásku ㅁ(mieum))

받침 ㅁ(미음) Koncová souhláska ㅁ (mieum)	영어 표기 Anglická notace	쓰기 Psaní					
가+ㅁ	Gam	감					
나+ㅁ	Nam	남					
다+ㅁ	Dam	담					
라+ㅁ	Ram	람					
마+ㅁ	Mam	맘					
바+ㅁ	Bam	밤					
사+ㅁ	Sam	삼					
아+ㅁ	Am	암					
자+ㅁ	Jam	잠					
차+ㅁ	Cham	참					
카+ㅁ	Kam	캄					
타+ㅁ	Tam	탐					
파+ㅁ	Pam	팜					
하+ㅁ	Ham	함					

받침 ㅂ(비읍)이 있는 글자

[Sylaby s koncovou souhláskou ㅂ(bieup)]

월   일

받침 ㅂ(비읍) [Koncová souhláska ㅂ(bieup)]

다음 받침 ㅂ(비읍)이 들어간 글자를 쓰는 순서에 맞게 따라 쓰세요.

(Postupujte podle níže uvedeného pořadí tahů a každou slabiku obsahující
koncovou souhlásku ㅂ(bieup))

받침 ㅂ(비읍) Koncová souhláska ㅂ (bieup)	영어 표기 Anglická notace	쓰기 Psaní				
가+ㅂ	Gap	갑				
나+ㅂ	Nap	납				
다+ㅂ	Dap	답				
라+ㅂ	Rap	랍				
마+ㅂ	Map	맙				
바+ㅂ	Bap	밥				
사+ㅂ	Sap	삽				
아+ㅂ	Ap	압				
자+ㅂ	Jap	잡				
차+ㅂ	Chap	찹				
카+ㅂ	Kap	캅				
타+ㅂ	Tap	탑				
파+ㅂ	Pap	팝				
하+ㅂ	Hap	합				

받침 ㅅ(시옷)이 있는 글자

[Sylaby s koncovou souhláskou ㅅ(siot)]

월　일

받침 ㅅ(시옷) [Koncová souhláska ㅅ(siot)]

다음 받침 ㅅ(시옷)이 들어간 글자를 쓰는 순서에 맞게 따라 쓰세요.

(Postupujte podle níže uvedeného pořadí tahů a každou slabiku obsahující koncovou souhlásku ㅅ(siot))

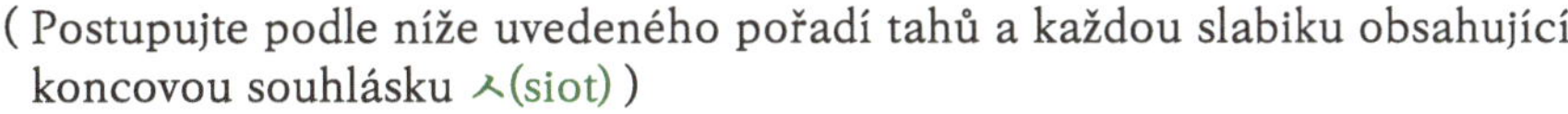

받침 ㅅ(시옷) Koncová souhláska ㅅ (siot)	영어 표기 Anglická notace	쓰기 Psaní					
가+ㅅ	Gat	갓					
나+ㅅ	Nat	낫					
다+ㅅ	Dat	닷					
라+ㅅ	Rat	랏					
마+ㅅ	Mat	맛					
바+ㅅ	Bat	밧					
사+ㅅ	Sat	삿					
아+ㅅ	At	앗					
자+ㅅ	Jat	잣					
차+ㅅ	Chat	찻					
카+ㅅ	Kat	캇					
타+ㅅ	Tat	탓					
파+ㅅ	Pat	팟					
하+ㅅ	Hat	핫					

받침 ㅇ(이응)이 있는 글자
[Sylaby s koncovou souhláskou ㅇ(ieung)]

월   일

받침 ㅇ(이응) [Koncová souhláska ㅇ(ieung)]

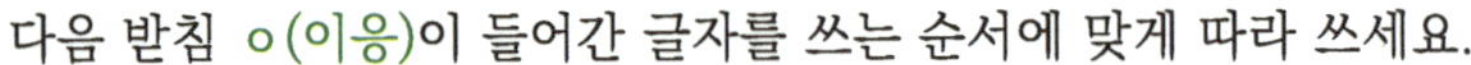

다음 받침 ㅇ(이응)이 들어간 글자를 쓰는 순서에 맞게 따라 쓰세요.

(Postupujte podle níže uvedeného pořadí tahů a každou slabiku obsahující
koncovou souhlásku ㅇ(ieung))

받침 ㅇ(이응) Koncová souhláska ㅇ(ieung)	영어 표기 Anglická notace	쓰기 Psaní					
가+ㅇ	Gang	강					
나+ㅇ	Nang	낭					
다+ㅇ	Dang	당					
라+ㅇ	Rang	랑					
마+ㅇ	Mang	망					
바+ㅇ	Bang	방					
사+ㅇ	Sang	상					
아+ㅇ	Ang	앙					
자+ㅇ	Jang	장					
차+ㅇ	Chang	창					
카+ㅇ	Kang	캉					
타+ㅇ	Tang	탕					
파+ㅇ	Pang	팡					
하+ㅇ	Hang	항					

18 받침 ㅈ(지읒)이 있는 글자

[Sylaby s koncovou souhláskou ㅈ(jieut)]

받침 ㅈ(지읒) [Koncová souhláska ㅈ(jieut)]

다음 받침 ㅈ(지읒)이 들어간 글자를 쓰는 순서에 맞게 따라 쓰세요.

(Postupujte podle níže uvedeného pořadí tahů a každou slabiku obsahující
koncovou souhlásku ㅈ(jieut))

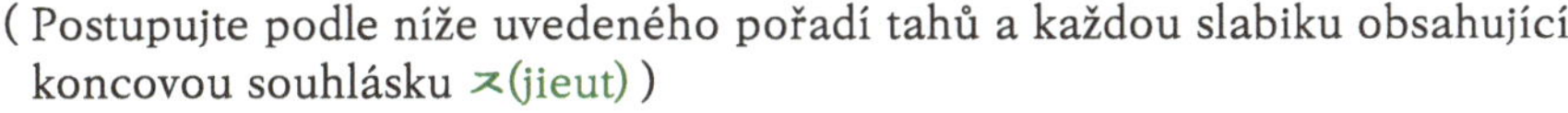

받침 ㅈ(지읒) Koncová souhláska ㅈ (jieut)	영어 표기 Anglická notace	쓰기 Psaní				
가+ㅈ	Gat	갖				
나+ㅈ	Nat	낮				
다+ㅈ	Dat	닺				
라+ㅈ	Rat	랒				
마+ㅈ	Mat	맞				
바+ㅈ	Bat	밪				
사+ㅈ	Sat	샂				
아+ㅈ	At	앚				
자+ㅈ	Jat	잦				
차+ㅈ	Chat	찾				
카+ㅈ	Kat	캊				
타+ㅈ	Tat	탖				
파+ㅈ	Pat	팢				
하+ㅈ	Hat	핮				

19 받침 ㅊ(치읓)이 있는 글자

[Sylaby s koncovou souhláskou ㅊ(chieut)]

월   일

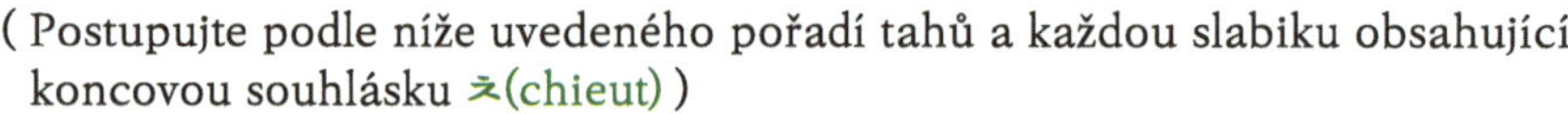

받침 ㅊ(치읓) [Koncová souhláska ㅊ(chieut)]

다음 받침 ㅊ(치읓)이 들어간 글자를 쓰는 순서에 맞게 따라 쓰세요.

(Postupujte podle níže uvedeného pořadí tahů a každou slabiku obsahující koncovou souhlásku ㅊ(chieut))

받침 ㅊ(치읓) Koncová souhláska ㅊ (chieut)	영어 표기 Anglická notace	쓰기 Psaní					
가+ㅊ	Gat	갗					
나+ㅊ	Nat	낯					
다+ㅊ	Dat	닺					
라+ㅊ	Rat	랓					
마+ㅊ	Mat	맟					
바+ㅊ	Bat	밫					
사+ㅊ	Sat	샂					
아+ㅊ	At	앛					
자+ㅊ	Jat	잧					
차+ㅊ	Chat	찻					
카+ㅊ	Kat	캋					
타+ㅊ	Tat	탖					
파+ㅊ	Pat	팣					
하+ㅊ	Hat	핯					

20 받침 ㅋ(키읔)이 있는 글자

[Sylaby s koncovou souhláskou ㅋ(kieuk)]

받침 ㅋ(키읔) [Koncová souhláska ㅋ(kieuk)]

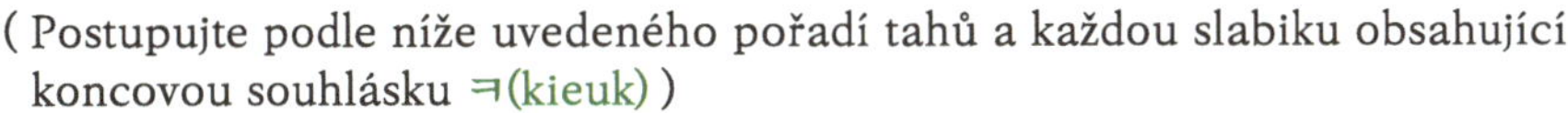

다음 받침 ㅋ(키읔)이 들어간 글자를 쓰는 순서에 맞게 따라 쓰세요.

(Postupujte podle níže uvedeného pořadí tahů a každou slabiku obsahující
koncovou souhlásku ㅋ(kieuk))

받침 ㅋ(키읔) Koncová souhláska ㅋ (kieuk)	영어 표기 Anglická notace	쓰기 Psaní				
가+ㅋ	Gak	각				
나+ㅋ	Nak	낙				
다+ㅋ	Dak	닥				
라+ㅋ	Rak	락				
마+ㅋ	Mak	막				
바+ㅋ	Bak	박				
사+ㅋ	Sak	삭				
아+ㅋ	Ak	악				
자+ㅋ	Jak	작				
차+ㅋ	Chak	착				
카+ㅋ	Kak	칵				
타+ㅋ	Tak	탁				
파+ㅋ	Pak	팍				
하+ㅋ	Hak	학				

21 받침 ㅌ(티읕)이 있는 글자

[Sylaby s koncovou souhláskou ㅌ(tieut)]

월 　 일

받침 ㅌ(티읕) [Koncová souhláska ㅌ(tieut)]

다음 받침 ㅌ(티읕)이 들어간 글자를 쓰는 순서에 맞게 따라 쓰세요.
(Postupujte podle níže uvedeného pořadí tahů a každou slabiku obsahující
  koncovou souhlásku ㅌ(tieut))

받침 ㅌ(티읕) Koncová souhláska ㅌ (tieut)	영어 표기 Anglická notace	쓰기 Psaní					
가+ㅌ	Gat	같					
나+ㅌ	Nat	낱					
다+ㅌ	Dat	닽					
라+ㅌ	Rat	랕					
마+ㅌ	Mat	맡					
바+ㅌ	Bat	밭					
사+ㅌ	Sat	샅					
아+ㅌ	At	앝					
자+ㅌ	Jat	잩					
차+ㅌ	Chat	챁					
카+ㅌ	Kat	캍					
타+ㅌ	Tat	탙					
파+ㅌ	Pat	팥					
하+ㅌ	Hat	핱					

받침 ㅍ(피읖)이 있는 글자
[Sylaby s koncovou souhláskou ㅍ(pieup)]

월   일

받침 ㅍ(피읖) [Koncová souhláska ㅍ(pieup)]

다음 받침 ㅍ(피읖)이 들어간 글자를 쓰는 순서에 맞게 따라 쓰세요.

(Postupujte podle níže uvedeného pořadí tahů a každou slabiku obsahující
  koncovou souhlásku ㅍ(pieup))

받침 ㅍ(피읖) Koncová souhláska ㅍ (pieup)	영어 표기 Anglická notace	쓰기 Psaní						
가+ㅍ	Gap	갚						
나+ㅍ	Nap	낲						
다+ㅍ	Dap	닾						
라+ㅍ	Rap	랖						
마+ㅍ	Map	맢						
바+ㅍ	Bap	밮						
사+ㅍ	Sap	샆						
아+ㅍ	Ap	앞						
자+ㅍ	Jap	잪						
차+ㅍ	Chap	챂						
카+ㅍ	Kap	캎						
타+ㅍ	Tap	탚						
파+ㅍ	Pap	팦						
하+ㅍ	Hap	핲						

월   일

받침 ㅎ(히읗) [Koncová souhláska ㅎ(hieut)]

다음 받침 ㅎ(히읗)이 들어간 글자를 쓰는 순서에 맞게 따라 쓰세요.

(Postupujte podle níže uvedeného pořadí tahů a každou slabiku obsahující
  koncovou souhlásku ㅎ(hieut))

받침 ㅎ(히읗) Koncová souhláska ㅎ (hieut)	영어 표기 Anglická notace	쓰기 Psaní					
가+ㅎ	Gat	갛					
나+ㅎ	Nat	낳					
다+ㅎ	Dat	닿					
라+ㅎ	Rat	랗					
마+ㅎ	Mat	맣					
바+ㅎ	Bat	밯					
사+ㅎ	Sat	샇					
아+ㅎ	At	앟					
자+ㅎ	Jat	잫					
차+ㅎ	Chat	챃					
카+ㅎ	Kat	캏					
타+ㅎ	Tat	탛					
파+ㅎ	Pat	팧					
하+ㅎ	Hat	핳					

주제별 낱말

6. kapitola Slova podle témat

과일 [Ovoce]

월 일

■ 다음을 쓰는 순서에 맞게 따라 쓰세요.
(Postupujte podle níže uvedeného pořadí tahů a napište podle vzoru.)

사	과					

사과 jablko

배						

배 hruška

바	나	나				

바나나 banán

딸	기					

딸기 jahoda

토	마	토				

토마토 rajče

과일 [Ovoce]

월   일

■ 다음을 쓰는 순서에 맞게 따라 쓰세요.
(Postupujte podle níže uvedeného pořadí tahů a napište podle vzoru.)

수	박				

수박 vodní meloun

복	숭	아			

복숭아 broskev

오	렌	지			

오렌지 pomeranč

귤					

귤 mandarinka

키	위				

키위 kiwi

과일 [Ovoce]

월　일

■ 다음을 쓰는 순서에 맞게 따라 쓰세요.
(Postupujte podle níže uvedeného pořadí tahů a napište podle vzoru.)

참	외				
파	인	애	플		
레	몬				
감					
포	도				

참외
korejský meloun

파인애플 ananas

레몬 citron

감 kaki

포도 hrozny

02 동물 [Zvíře]

월   일

■ 다음을 쓰는 순서에 맞게 따라 쓰세요.
(Postupujte podle níže uvedeného pořadí tahů a napište podle vzoru.)

타조 pštros

타	조					

호랑이 tygr

호	랑	이				

사슴 jelen

사	슴					

고양이 kočka

고	양	이				

여우 liška

여	우					

동물 [Zvíře]

월   일

■ 다음을 쓰는 순서에 맞게 따라 쓰세요.
(Postupujte podle níže uvedeného pořadí tahů a napište podle vzoru.)

사	자					

사자 lev

코	끼	리				

코끼리 slon

돼	지					

돼지 prase

강	아	지				

강아지 štěně

토	끼					

토끼 králík

동물 [Zvíře]

월   일

■ 다음을 쓰는 순서에 맞게 따라 쓰세요.
(Postupujte podle níže uvedeného pořadí tahů a napište podle vzoru.)

기	린				
곰					
원	숭	이			
너	구	리			
거	북	이			

기린 žirafa

곰 medvěd

원숭이 opice

너구리 mýval

거북이 želva

채소 [Zelenina]

월 　 일

■ 다음을 쓰는 순서에 맞게 따라 쓰세요.
(Postupujte podle níže uvedeného pořadí tahů a napište podle vzoru.)

<table>
<tr><td>배추
čínské zelí</td><td>배 추</td><td></td><td></td><td></td><td></td></tr>
<tr><td>당근 mrkev</td><td>당 근</td><td></td><td></td><td></td><td></td></tr>
<tr><td>마늘 česnek</td><td>마 늘</td><td></td><td></td><td></td><td></td></tr>
<tr><td>시금치 špenát</td><td>시 금 치</td><td></td><td></td><td></td><td></td></tr>
<tr><td>미나리 vodní kapradina</td><td>미 나 리</td><td></td><td></td><td></td><td></td></tr>
</table>

채 소 [Zelenina]

월　일

■ 다음을 쓰는 순서에 맞게 따라 쓰세요.
(Postupujte podle níže uvedeného pořadí tahů a napište podle vzoru.)

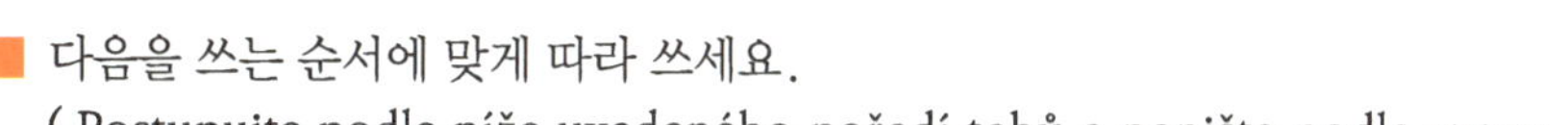

무 ředkev

무						

상추 listový salát

상	추					

양파 cibule

양	파					

부추 pažitka

부	추					

감자 brambory

감	자					

채소 [Zelenina]

■ 다음을 쓰는 순서에 맞게 따라 쓰세요.
(Postupujte podle níže uvedeného pořadí tahů a napište podle vzoru.)

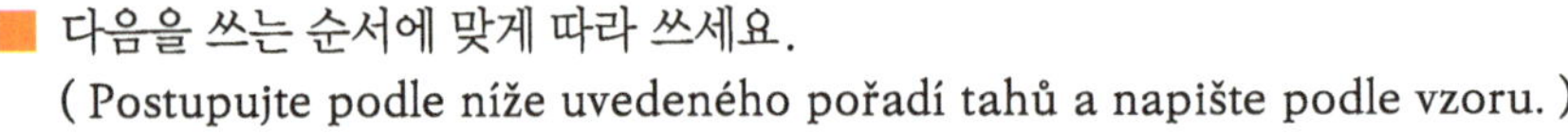

오	이				

오이 okurka

파					

파 zelená cibule

가	지				

가지 lilek

고	추				

고추 chilli paprička

양	배	추			

양배추 zelí

직업 [Povolání]

월   일

■ 다음을 쓰는 순서에 맞게 따라 쓰세요.
(Postupujte podle níže uvedeného pořadí tahů a napište podle vzoru.)

경찰관 policista

경	찰	관				

소방관 hasič

소	방	관				

요리사 kuchař

요	리	사				

환경미화원 uklízeč
veřejných prostranství

환	경	미	화	원		

화가 malíř

화	가					

■ 다음을 쓰는 순서에 맞게 따라 쓰세요.
(Postupujte podle níže uvedeného pořadí tahů a napište podle vzoru.)

간	호	사				
회	사	원				
미	용	사				
가	수					
소	설	가				

간호사 zdravotní sestra

회사원 kancelářský pracovník

미용사 kadeřník

가수 zpěvák

소설가 spisovatel

직업 [Povolání]

월 일

■ 다음을 쓰는 순서에 맞게 따라 쓰세요.
(Postupujte podle níže uvedeného pořadí tahů a napište podle vzoru.)

의사 lékař

의사

선생님 učitel

선생님

주부 osoba v domácnosti

주부

운동선수 sportovec

운동선수

우편집배원 pošťák

우편집배원

음식 [Jídlo]

월   일

■ 다음을 쓰는 순서에 맞게 따라 쓰세요.
(Postupujte podle níže uvedeného pořadí tahů a napište podle vzoru.)

김	치	찌	개			
미	역	국				
김	치	볶	음	밥		
돈	가	스				
국	수					

김치찌개
kimchi-jjigae

미역국 miyeok-guk

김치볶음밥 kimchi
smažená rýže

돈가스
vepřová kotleta

국수 nudle

O5 음 식 [Jídlo]

■ 다음을 쓰는 순서에 맞게 따라 쓰세요.
(Postupujte podle níže uvedeného pořadí tahů a napište podle vzoru.)

된장찌개
doenjang-jjigae

된	장	찌	개			

불고기 bulgogi

불	고	기				

김밥 gimbap

김	밥					

라면
instantní nudle

라	면					

떡 ddeok

떡						

음식 [Jídlo]

월 　 일

■ 다음을 쓰는 순서에 맞게 따라 쓰세요.
(Postupujte podle níže uvedeného pořadí tahů a napište podle vzoru.)

순	두	부	찌	개		

순두부찌개
sundubu-jjigae

비	빔	밥				

비빔밥 bibimbap

만	두					

만두 mandu

피	자					

피자 pizza

케	이	크				

케이크 dort

위 치 [Směr]

월   일

■ 다음을 쓰는 순서에 맞게 따라 쓰세요.
(Postupujte podle níže uvedeného pořadí tahů a napište podle vzoru.)

앞 vpředu

| 앞 | | | | | | | |

뒤 vzadu

| 뒤 | | | | | | | |

위 nahoře

| 위 | | | | | | | |

아래 dole

| 아 | 래 | | | | | | |

오른쪽 vpravo

| 오 | 른 | 쪽 | | | | | |

■ 다음을 쓰는 순서에 맞게 따라 쓰세요.
(Postupujte podle níže uvedeného pořadí tahů a napište podle vzoru.)

왼	쪽					

왼쪽 vlevo

옆						

옆 vedle

안						

안 uvnitř

밖						

밖 venku

밑						

밑 pod

위치 [Směr]

월   일

■ 다음을 쓰는 순서에 맞게 따라 쓰세요.
(Postupujte podle níže uvedeného pořadí tahů a napište podle vzoru.)

사이 *mezi*

동쪽 **východ**

서쪽 *západ*

남쪽 **jih**

북쪽 *sever*

사	이						
동	쪽						
서	쪽						
남	쪽						
북	쪽						

탈것 [Vozidlo]

월 일

■ 다음을 쓰는 순서에 맞게 따라 쓰세요.
(Postupujte podle níže uvedeného pořadí tahů a napište podle vzoru.)

버	스				

버스 autobus

비	행	기			

비행기 letadlo

배					

배 loď

오	토	바	이		

오토바이 motocykl

소	방	차			

소방차
hasičské auto

07 탈 것 [Vozidlo]

■ 다음을 쓰는 순서에 맞게 따라 쓰세요.
(Postupujte podle níže uvedeného pořadí tahů a napište podle vzoru.)

자	동	차				
지	하	철				
기	차					
헬	리	콥	터			
포	클	레	인			

자동차 auto

지하철 metro

기차 vlak

헬리콥터 vrtulník

포클레인 bagr

O7 탈것 [Vozidlo]

■ 다음을 쓰는 순서에 맞게 따라 쓰세요.
(Postupujte podle níže uvedeného pořadí tahů a napište podle vzoru.)

택 시			
자 전 거			
트 럭			
구 급 차			
기 구			

택시 taxi

자전거 kolo

트럭 nákladní automobil

구급차 sanitka

기구 teplovzdušný balón

08 ## 장소 [Místo]

■ 다음을 쓰는 순서에 맞게 따라 쓰세요.
(Postupujte podle níže uvedeného pořadí tahů a napište podle vzoru.)

집 dům

학교 škola

백화점
obchodní dům

우체국 pošta

약국 lékárna

집

학 교

백 화 점

우 체 국

약 국

장소 [Místo]

월 일

■ 다음을 쓰는 순서에 맞게 따라 쓰세요.
(Postupujte podle níže uvedeného pořadí tahů a napište podle vzoru.)

시장 trh

시	장				

식당 restaurace

식	당				

슈퍼마켓
supermarket

슈	퍼	마	켓		

서점 knihkupectví

서	점				

공원 park

공	원				

장소 [Místo]

월   일

■ 다음을 쓰는 순서에 맞게 따라 쓰세요.
(Postupujte podle níže uvedeného pořadí tahů a napište podle vzoru.)

은행 banka

은 행

병원 nemocnice

병 원

문구점 papírnictví

문 구 점

미용실 kadeřnictví

미 용 실

극장 divadlo

극 장

계절, 날씨 [Sezóna, počasí]

월   일

■ 다음을 쓰는 순서에 맞게 따라 쓰세요.
(Postupujte podle níže uvedeného pořadí tahů a napište podle vzoru.)

봄				
여름				
가을				
겨울				
맑다				

봄 jaro

여름 léto

가을 podzim

겨울 zima

맑다 jasno

계절, 날씨 [Sezóna, počasí]

월   일

■ 다음을 쓰는 순서에 맞게 따라 쓰세요.
(Postupujte podle níže uvedeného pořadí tahů a napište podle vzoru.)

흐리다 oblačno	흐 리 다
바람이 분다 vane vítr	바 람 이　분 다
비가 온다 prší	비 가　온 다
비가 그친다 déšť ustává	비 가　그 친 다
눈이 온다 sněží	눈 이　온 다

계절, 날씨 [Sezóna, počasí]

월   일

■ 다음을 쓰는 순서에 맞게 따라 쓰세요.
(Postupujte podle níže uvedeného pořadí tahů a napište podle vzoru.)

구름이 낀다
zataženo

덥다 teplo

춥다 studený

따뜻하다 teplý

시원하다 chladno

구	름	이		낀	다		
덥	다						
춥	다						
따	뜻	하	다				
시	원	하	다				

집 안의 사물 [Objekt v domácnosti]

월   일

■ 다음을 쓰는 순서에 맞게 따라 쓰세요.
(Postupujte podle níže uvedeného pořadí tahů a napište podle vzoru.)

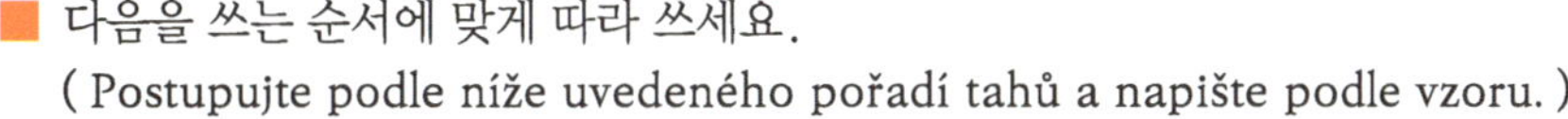

소	파				

소파 pohovka

욕	조				

욕조 vana

거	울				

거울 zrcadlo

샤	워	기			

샤워기
sprchová hlavice

변	기				

변기 toaleta

집 안의 사물 [Objekt v domácnosti]

월   일

■ 다음을 쓰는 순서에 맞게 따라 쓰세요.
(Postupujte podle níže uvedeného pořadí tahů a napište podle vzoru.)

싱크대 umyvadlo

싱	크	대				

부엌 kuchyně

부	엌					

거실 obývací pokoj

거	실					

안방 ložnice

안	방					

옷장 skříň

옷	장					

집 안의 사물 [Objekt v domácnosti]

월　일

■ 다음을 쓰는 순서에 맞게 따라 쓰세요.
(Postupujte podle níže uvedeného pořadí tahů a napište podle vzoru.)

화장대
toaletní stolek

화	장	대				

식탁 jídelní stůl

식	탁					

책장 knihovna

책	장					

작은방 malý pokoj

작	은	방				

침대 postel

침	대					

가족 명칭 [Člen rodiny]

월   일

■ 다음을 쓰는 순서에 맞게 따라 쓰세요.
(Postupujte podle níže uvedeného pořadí tahů a napište podle vzoru.)

할	머	니			

할머니 babička

할	아	버	지		

할아버지 dědeček

아	버	지			

아버지 otec

어	머	니			

어머니 matka

오	빠				

오빠 starší bratr
(ženy)

가족 명칭 [Člen rodiny]

월   일

■ 다음을 쓰는 순서에 맞게 따라 쓰세요.
(Postupujte podle níže uvedeného pořadí tahů a napište podle vzoru.)

형					
나					
남	동	생			
여	동	생			
언	니				

형 starší bratr (muže)

나 já/mě

남동생 mladší bratr (ženy)

여동생 mladší sestra (ženy)

언니 starší sestra (ženy)

가족 명칭 [Člen rodiny]

■ 다음을 쓰는 순서에 맞게 따라 쓰세요.
(Postupujte podle níže uvedeného pořadí tahů a napište podle vzoru.)

누나 starší sestra
(muže)

누	나					

삼촌 strýc (bratr otce)

삼	촌					

고모 teta
(sestra otce)

고	모					

이모 teta
(sestra matky)

이	모					

이모부 strýc
(manžel sestry matky)

이	모	부				

학용품 [Kancelářské potřeby]

월　일

■ 다음을 쓰는 순서에 맞게 따라 쓰세요.
(Postupujte podle níže uvedeného pořadí tahů a napište podle vzoru.)

공	책				
스	케	치	북		
색	연	필			
가	위				
풀					

공책 sešit

스케치북 skicák

lepidlo

색연필
barevné tužky

가위 nůžky

풀 lepidlo

학용품 [Kancelářské potřeby]

월 일

■ 다음을 쓰는 순서에 맞게 따라 쓰세요.
(Postupujte podle níže uvedeného pořadí tahů a napište podle vzoru.)

일	기	장				
연	필					
칼						
물	감					
자						

일기장 deník

연필 tužka

칼 nůž

물감 barvy

자 pravítko

학용품 [Kancelářské potřeby]

■ 다음을 쓰는 순서에 맞게 따라 쓰세요.
(Postupujte podle níže uvedeného pořadí tahů a napište podle vzoru.)

색종이 barevný papír

색종이

사인펜 fixa

사인펜

크레파스 pastelky

크레파스

붓 štětec

붓

지우개 guma

지우개

꽃 [Kvĕtina]

월   일

■ 다음을 쓰는 순서에 맞게 따라 쓰세요.
(Postupujte podle níže uvedeného pořadí tahů a napište podle vzoru.)

장미 růže

장미

진달래 azalka

진달래

민들레 pampeliška

민들레

나팔꽃 svlačec

나팔꽃

맨드라미
kohoutí hřebínek

맨드라미

꽃 [Květina]

월   일

■ 다음을 쓰는 순서에 맞게 따라 쓰세요.
(Postupujte podle níže uvedeného pořadí tahů a napište podle vzoru.)

개	나	리			

개나리 zlatice

벚	꽃				

벚꽃 třešňový květ

채	송	화			

채송화 mechová růže

국	화				

국화 chryzantéma

무	궁	화			

무궁화 růže Sharon

꽃 [Květina]

■ 다음을 쓰는 순서에 맞게 따라 쓰세요.
(Postupujte podle níže uvedeného pořadí tahů a napište podle vzoru.)

튤	립				
봉	숭	아			
해	바	라	기		
카	네	이	션		
코	스	모	스		

튤립 tulipán

봉숭아 balzám

해바라기 slunečnice

카네이션 karafiát

코스모스 kosmos

14

나라 이름 [Země]

월   일

■ 다음을 쓰는 순서에 맞게 따라 쓰세요.
(Postupujte podle níže uvedeného pořadí tahů a napište podle vzoru.)

한국
Korea

한	국			

필리핀
Filipíny

필	리	핀		

일본
Japonsko

일	본			

캄보디아
Kambodža

캄	보	디	아	

아프가니스탄
Afghánistán

아	프	가	니	스	탄

나라 이름 [Země]

월   일

■ 다음을 쓰는 순서에 맞게 따라 쓰세요.
(Postupujte podle níže uvedeného pořadí tahů a napište podle vzoru.)

중국 Čína	중	국			
태국 Thajsko	태	국			
베트남 Vietnam	베	트	남		
인도 Indie	인	도			
영국 Spojené království	영	국			

나라 이름 [Země]

월   일

■ 다음을 쓰는 순서에 맞게 따라 쓰세요.
(Postupujte podle níže uvedeného pořadí tahů a napište podle vzoru.)

미국 Spojené státy americké	미국
몽골 Mongolsko	몽골
우즈베키스탄 Uzbekistán	우즈베키스탄
러시아 Rusko	러시아
캐나다 Kanada	캐나다

악기 [Hudební nástroj]

월   일

■ 다음을 쓰는 순서에 맞게 따라 쓰세요.
(Postupujte podle níže uvedeného pořadí tahů a napište podle vzoru.)

기타 kytara	기 타
북 buben	북
트라이앵글 triangl	트 라 이 앵 글
하모니카 harmonika	하 모 니 카
징 gong	징

15

악기 [Hudební nástroj]

월   일

■ 다음을 쓰는 순서에 맞게 따라 쓰세요.
(Postupujte podle níže uvedeného pořadí tahů a napište podle vzoru.)

피	아	노			
탬	버	린			
나	팔				
장	구				
소	고				

피아노 klavír

탬버린 tamburína

나팔 trubka

장구 janggu
(korejský buben)

소고 sogo
(ruční buben)

악기 [Hudební nástroj]

월   일

■ 다음을 쓰는 순서에 맞게 따라 쓰세요.
(Postupujte podle níže uvedeného pořadí tahů a napište podle vzoru.)

피리	피 리
피리 píšťala	
실로폰	실 로 폰
실로폰 xylofon	
바이올린	바 이 올 린
바이올린 housle	
꽹과리	꽹 과 리
꽹과리 kkwaenggwari (malý gong)	
가야금	가 야 금
가야금 gayageum (korejská citera)	

옷 [Oblečení]

월   일

■ 다음을 쓰는 순서에 맞게 따라 쓰세요.
(Postupujte podle níže uvedeného pořadí tahů a napište podle vzoru.)

티셔츠 tričko

티	셔	츠				

바지 kalhoty

바	지					

점퍼 svetr

점	퍼					

정장 společenské oblečení

정	장					

와이셔츠 košile

와	이	셔	츠			

옷 [Oblečení]

월   일

■ 다음을 쓰는 순서에 맞게 따라 쓰세요.
(Postupujte podle níže uvedeného pořadí tahů a napište podle vzoru.)

반바지 kraťasy

반	바	지				

코트 kabát

코	트					

교복
školní uniforma

교	복					

블라우스 halenka

블	라	우	스			

청바지 džíny

청	바	지				

옷 [Oblečení]

월　　일

■ 다음을 쓰는 순서에 맞게 따라 쓰세요.
（ Postupujte podle níže uvedeného pořadí tahů a napište podle vzoru. ）

양 복				
작 업 복			
스 웨 터			
치 마				
한 복				

양복 pánský oblek

작업복 pracovní oděv

스웨터 svetr

치마 sukně

한복 hanbok (tradiční korejské oblečení)

색깔 [Barva]

월 일

■ 다음을 쓰는 순서에 맞게 따라 쓰세요.
(Postupujte podle níže uvedeného pořadí tahů a napište podle vzoru.)

빨	간	색				
주	황	색				
초	록	색				
노	란	색				
파	란	색				

빨간색 červená

주황색 oranžová

초록색 zelená

노란색 žlutá

파란색 modrá

17 색깔 [Barva]

■ 다음을 쓰는 순서에 맞게 따라 쓰세요.
(Postupujte podle níže uvedeného pořadí tahů a napište podle vzoru.)

보라색 fialová

보	라	색		

분홍색 růžová

분	홍	색		

하늘색 nebesky modrá

하	늘	색		

갈색 hnědá

갈	색			

검은색 černá

검	은	색		

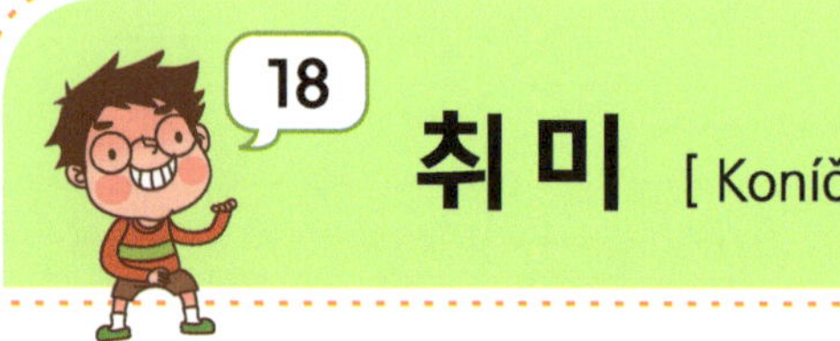

취미 [Koníček]

월   일

■ 다음을 쓰는 순서에 맞게 따라 쓰세요.
(Postupujte podle níže uvedeného pořadí tahů a napište podle vzoru.)

요	리				
노	래				
등	산				
영	화	감	상		
낚	시				

요리 *vaření*

노래 *píseň*

등산 *turistika*

영화감상 *sledování filmů*

낚시 *rybaření*

취 미 [Koníček]

월   일

■ 다음을 쓰는 순서에 맞게 따라 쓰세요.
（ Postupujte podle níže uvedeného pořadí tahů a napište podle vzoru. ）

음악감상
posloucháná hudby

음	악	감	상				

게임 hraní her

게	임						

드라이브
jízda autem

드	라	이	브				

여행 cestování

여	행						

독서 čtení knih

독	서						

취미 [Koníček]

■ 다음을 쓰는 순서에 맞게 따라 쓰세요.
(Postupujte podle níže uvedeného pořadí tahů a napište podle vzoru.)

쇼핑 nakupování

쇼	핑				

운동 cvičení

운	동				

수영 plavání

수	영				

사진촬영 fotografování

사	진	촬	영		

악기연주 hraní na hudební nástroje

악	기	연	주		

운동 [Sporty]

월   일

■ 다음을 쓰는 순서에 맞게 따라 쓰세요.
(Postupujte podle níže uvedeného pořadí tahů a napište podle vzoru.)

야구 baseball

야	구					

배구 volejbal

배	구					

축구 fotbal

축	구					

탁구 stolní tenis

탁	구					

농구 basketbal

농	구					

■ 다음을 쓰는 순서에 맞게 따라 쓰세요.
(Postupujte podle níže uvedeného pořadí tahů a napište podle vzoru.)

골 프					
스 키					
수 영					
권 투					
씨 름					

골프 golf

스키 lyžování

수영 plavání

권투 box

씨름 korejské zápasnictví

운동 [Sporty]

■ 다음을 쓰는 순서에 맞게 따라 쓰세요.
(Postupujte podle níže uvedeného pořadí tahů a napište podle vzoru.)

테	니	스			

테니스 tenis

레	슬	링			

레슬링 zápasnictví

태	권	도			

태권도 taekwondo

배	드	민	턴		

배드민턴 badminton

스	케	이	트		

스케이트
bruslení

움직임 말 (1)

[Pohyb a chování 1]

월   일

■ 다음을 쓰는 순서에 맞게 따라 쓰세요.
(Postupujte podle níže uvedeného pořadí tahů a napište podle vzoru.)

가 다					
오 다					
먹 다					
사 다					
읽 다					

가다 jít

오다 přijít

먹다 jíst

사다 koupit

읽다 číst

움직임 말 (1)
[Pohyb a chování 1]

월   일

■ 다음을 쓰는 순서에 맞게 따라 쓰세요.
(Postupujte podle níže uvedeného pořadí tahů a napište podle vzoru.)

씻다 mýt

씻	다				

자다 spát

자	다				

보다 vidět

보	다				

일하다 pracovat

일	하	다			

만나다 setkat se

만	나	다			

■ 다음을 쓰는 순서에 맞게 따라 쓰세요.
(Postupujte podle níže uvedeného pořadí tahů a napište podle vzoru.)

마	시	다				

마시다 pít

빨	래	하	다			

빨래하다
prát prádlo

청	소	하	다			

청소하다 uklízet

요	리	하	다			

요리하다 vařit

공	부	하	다			

공부하다
studovat

움직임 말 (2)
[Pohyb a chování 2]

■ 다음을 쓰는 순서에 맞게 따라 쓰세요.
(Postupujte podle níže uvedeného pořadí tahů a napište podle vzoru.)

공	을	차	다	
이	를	닦	다	
목	욕	을	하	다
세	수	를	하	다
등	산	을	하	다

공을 차다
kopat do míče

이를 닦다
čistit si zuby

목욕을 하다
koupat se

세수를 하다
umýt si obličej

등산을 하다
jít na výlet

움직임 말 (2)
[Pohyb a chování 2]

■ 다음을 쓰는 순서에 맞게 따라 쓰세요.
(Postupujte podle níže uvedeného pořadí tahů a napište podle vzoru.)

머	리	를		감	다	
영	화	를		보	다	
공	원	에		가	다	
여	행	을		하	다	
산	책	을		하	다	

머리를 감다
umýt si vlasy

영화를 보다
sledovat film

공원에 가다
jít do parku

여행을 하다
cestovat

산책을 하다
projít se

21 움직임 말 (2)
[Pohyb a chování 2]

■ 다음을 쓰는 순서에 맞게 따라 쓰세요.
(Postupujte podle níže uvedeného pořadí tahů a napište podle vzoru.)

	수	영	을		하	다	

수영을 하다
jít plavat

쇼	핑	을		하	다	

쇼핑을 하다
jít nakupovat

사	진	을		찍	다	

사진을 찍다 fotit

샤	워	를		하	다	

샤워를 하다
sprchovat se

이	야	기	를		하	다

이야기를 하다
mluvit

■ 다음을 쓰는 순서에 맞게 따라 쓰세요.
(Postupujte podle níže uvedeného pořadí tahů a napište podle vzoru.)

놀	다				
자	다				
쉬	다				
쓰	다				
듣	다				

놀다 hrát si

자다 spát

쉬다 odpočívat

쓰다 psát

듣다 poslouchat

22 움직임 말 (3)
[Pohyb a chování 3]

월   일

■ 다음을 쓰는 순서에 맞게 따라 쓰세요.
(Postupujte podle níže uvedeného pořadí tahů a napište podle vzoru.)

닫다 zavřít	닫 다
켜다 zapnout	켜 다
서다 stát	서 다
앉다 sedět	앉 다
끄다 vypnout	끄 다

■ 다음을 쓰는 순서에 맞게 따라 쓰세요.
(Postupujte podle níže uvedeného pořadí tahů a napište podle vzoru.)

열 다				
나 오 다				
배 우 다				
들 어 가 다			
가 르 치 다			

열다 otevřít

나오다 vyjít

배우다 naučit se

들어가다 jít dovnitř

가르치다 učit

움직임 말 (3)
[Pohyb a chování 3]

월   일

■ 다음을 쓰는 순서에 맞게 따라 쓰세요.
(Postupujte podle níže uvedeného pořadí tahů a napište podle vzoru.)

부	르	다				
달	리	다				
기	다					
날	다					
긁	다					

부르다 volat

달리다 běžet

기다 plazit se

날다 létat

긁다 škrábat

■ 다음을 쓰는 순서에 맞게 따라 쓰세요.
(Postupujte podle níže uvedeného pořadí tahů a napište podle vzoru.)

찍다 fotografovat	찍 다
벌리다 roztáhnout	벌 리 다
키우다 zvednout	키 우 다
갈다 nahradit	갈 다
닦다 otřít	닦 다

세는 말 (단위)

[Slova pro počítání (jednotka)]

월   일

■ 다음을 쓰는 순서에 맞게 따라 쓰세요.
(Postupujte podle níže uvedeného pořadí tahů a napište podle vzoru.)

개 (početní)
kus / položka

개						

대 (počet)
vozidlo

대						

척 (počet) loď

척						

송이 (počet) svazek

송	이					

그루 (počet) stromy

그	루					

월   일

■ 다음을 쓰는 순서에 맞게 따라 쓰세요.
(Postupujte podle níže uvedeného pořadí tahů a napište podle vzoru.)

상	자				
봉	지				
장					
병					
자	루				

상자 (počet) krabice

봉지 (počet) taška

장 (počet) list

병 (počet) láhev

자루 (počet) tužka

세 는 말 (단위)
[Slova pro počítání (jednotka)]

■ 다음을 쓰는 순서에 맞게 따라 쓰세요.
（ Postupujte podle níže uvedeného pořadí tahů a napište podle vzoru. ）

벌					
켤레					
권					
마리					
잔					

벌 (počet)
sada oblečení

켤레 (počet)
pár bot

권 (počet) kniha

마리 (počet) zvíře

잔 (počet) šálek,
sklenice

월   일

■ 다음을 쓰는 순서에 맞게 따라 쓰세요.
(Postupujte podle níže uvedeného pořadí tahů a napište podle vzoru.)

채						

채 (počet) budova

명						

명 (počet) lidé

통						

통 (počet) kontejner

가	마					

가마 (počet) pytel rýže

첩						

첩 (počet) balení léků

꾸미는 말 (1)
[Popis 1]

■ 다음을 쓰는 순서에 맞게 따라 쓰세요.
(Postupujte podle níže uvedeného pořadí tahů a napište podle vzoru.)

많다 mnoho

많	다			

적다 málo

적	다			

크다 velký

크	다			

작다 malý

작	다			

비싸다 drahé

비	싸	다		

꾸미는 말 (1)
[Popis 1]

월 일

■ 다음을 쓰는 순서에 맞게 따라 쓰세요.
 (Postupujte podle níže uvedeného pořadí tahů a napište podle vzoru.)

싸 다					
길 다					
짧 다					
빠 르 다					
느 리 다					

싸다 levné

길다 dlouhý

짧다 krátký

빠르다 rychlý

느리다 pomalý

24 꾸미는 말 (1)
[Popis 1]

월   일

■ 다음을 쓰는 순서에 맞게 따라 쓰세요.
(Postupujte podle níže uvedeného pořadí tahů a napište podle vzoru.)

굵다 hustý	굵 다
가늘다 tenký	가 늘 다
밝다 světlý	밝 다
어둡다 tmavý	어 둡 다
좋다 dobrý	좋 다

■ 다음을 쓰는 순서에 맞게 따라 쓰세요.
(Postupujte podle níže uvedeného pořadí tahů a napište podle vzoru.)

맵다 pikantní

맵다

시다 kyselý

시다

가볍다 lehký

가볍다

좁다 úzký

좁다

따뜻하다 teplý

따뜻하다

꾸미는 말 (2)

[Popis 2]

■ 다음을 쓰는 순서에 맞게 따라 쓰세요.
(Postupujte podle níže uvedeného pořadí tahů a napište podle vzoru.)

짜다 slaný

짜	다					

쓰다 psát

쓰	다					

무겁다 těžký

무	겁	다				

깊다 hluboký

깊	다					

차갑다 studený

차	갑	다				

월 일

■ 다음을 쓰는 순서에 맞게 따라 쓰세요.
(Postupujte podle níže uvedeného pořadí tahů a napište podle vzoru.)

달 다				
싱 겁 다				
넓 다				
얕 다				
귀 엽 다				

달다 sladký

싱겁다 mdlý

넓다 široký

얕다 mělký

귀엽다 roztomilý

기분을 나타내는 말
[Emoce]

월   일

■ 다음을 쓰는 순서에 맞게 따라 쓰세요.
(Postupujte podle níže uvedeného pořadí tahů a napište podle vzoru.)

기	쁘	다		

기쁘다 šťastný

슬	프	다		

슬프다 smutný

화	나	다		

화나다 naštvaný

놀	라	다		

놀라다 překvapený

곤	란	하	다	

곤란하다 potížích

26 기분을 나타내는 말
[Emoce]

월 일

■ 다음을 쓰는 순서에 맞게 따라 쓰세요.
(Postupujte podle níže uvedeného pořadí tahů a napište podle vzoru.)

궁	금	하	다				
지	루	하	다				
부	끄	럽	다				
피	곤	하	다				
신	나	다					

궁금하다 zvědavý

지루하다 znuděný

부끄럽다 rozpačitý

피곤하다 unavený

신나다 nadšený

27

높임말

[Zdvořilé výrazy]

월　일

■ 다음을 쓰는 순서에 맞게 따라 쓰세요.
(Postupujte podle níže uvedeného pořadí tahů a napište podle vzoru.)

집						
댁						
밥						
진	지					
병						
병	환					
말						
말	씀					
나	이					
연	세					

집 dům →
댁 (zdvořilostní) dům

밥 jídlo →
진지 (zdvořilostní) jídlo

병 nemoc →
병환 (zdvořilostní) nemoc

말 slova →
말씀 (zdvořilostní) slova

나이 věk →
연세 (zdvořilostní) věk

높임말

[Zdvořilé výrazy]

월   일

■ 다음을 쓰는 순서에 맞게 따라 쓰세요.
(Postupujte podle níže uvedeného pořadí tahů a napište podle vzoru.)

생일 narozeniny →
생신 (zdvořilostní) narozeniny

생	일					

생	신					

있다 být →
계시다 (zdvořilostní) být

있	다					

계	시	다				

먹다 jíst →
드시다 (zdvořilostní) jíst

먹	다					

드	시	다				

자다 spát →
주무시다 (zdvořilostní) spát

자	다					

주	무	시	다			

주다 dávat →
드리다 (zdvořilostní) dávat

주	다					

드	리	다				

■ 다음을 쓰는 순서에 맞게 따라 쓰세요.
(Postupujte podle níže uvedeného pořadí tahů a napište podle vzoru.)

눈 oko (단음)   눈 sníh (장음)

발 noha (단음)   발 rohož (bambusová podlahová rohož) (장음)

밤 noc (단음)   밤 kaštan (장음)

차 auto (단음)   차 čaj (단음)

비 déšť (단음)   비 koště (단음)

눈					
발					
밤					
차					
비					

소리가 같은 말 (1)

[Homonymum 1]

월   일

■ 다음을 쓰는 순서에 맞게 따라 쓰세요.
(Postupujte podle níže uvedeného pořadí tahů a napište podle vzoru.)

말				
벌				
상				
굴				
배				

말 kůň (단음)   말 slovo (장음)

벌 trest (단음)   벌 včela (장음)

상 stůl (단음)   상 cena (단음)

굴 ústřice (단음)   굴 jeskyně (장음)

배 loď (단음)   배 břicho (단음)

■ 다음을 쓰는 순서에 맞게 따라 쓰세요.
(Postupujte podle níže uvedeného pořadí tahů a napište podle vzoru.)

다리 noha (단음)   다리 most (단음)

다	리			

새끼 mládě (단음)   새끼 lano (단음)

새	끼			

돌 kámen (장음)   돌 první narozeninová oslava (단음)

돌				

병 nemoc (장음)   병 láhev (단음)

병				

바람 vítr (단음)   바람 přání (단음)

바	람			

소리가 같은 말 (2)

[Homonymum 2]

월　일

■ 다음을 쓰는 순서에 맞게 따라 쓰세요.
(Postupujte podle níže uvedeného pořadí tahů a napište podle vzoru.)

깨다 probudit se (장음)　깨다 rozbít (단음)

깨	다			

묻다 pohřbít (단음)　묻다 zeptat se (장음)

묻	다			

싸다 být levný (단음)　싸다 čůrat (단음)

싸	다			

세다 počítat (장음)　세다 být silný (장음)

세	다			

차다 být studený (단음)　차다 být plný (단음)

차	다			

월　일

■ 다음을 쓰는 순서에 맞게 따라 쓰세요.
(Postupujte podle níže uvedeného pořadí tahů a napište podle vzoru.)

맞다 být správný (단음)

맞다 být zasažen (단음)

맡다 převzít
odpovědnost (단음)

맡다 cítit (단음)

쓰다 psát (단음)

쓰다 být hořký (단음)

맞	다			
맡	다			
쓰	다			

소리를 흉내 내는 말

[Onomatopoie]

■ 다음을 쓰는 순서에 맞게 따라 쓰세요.
(Postupujte podle níže uvedeného pořadí tahů a napište podle vzoru.)

어 흥					
꿀 꿀					
야 옹					
꼬 꼬 댁					
꽥 꽥					

어흥 *řvát*

꿀꿀 *chrochtat*

야옹 *mňoukat*

꼬꼬댁 *kdákat*

꽥꽥 *kvákat*

30 소리를 흉내 내는 말
[Onomatopoie]

■ 다음을 쓰는 순서에 맞게 따라 쓰세요.
(Postupujte podle níže uvedeného pořadí tahů a napište podle vzoru.)

붕						
매 앰						
부 르 릉						
딩 동						
빠 빠						

붕 vrčet

매앰 bzučet

부르릉 silně vrčet

딩동 zvonit

빠빠 pípat

■ 안녕하세요! K-한글(www.k-hangul.kr)입니다.
'외국인을 위한 기초 한글 배우기' 1호 기초 편에서 다루지 못한 내용을 부록 편에
다음과 같이 **40가지 주제별로** 수록하니, 많은 이용 바랍니다.

■ Dobrý den! Toto je K-Hangul (www.k-hangul.kr).
Obsah, který nebyl zahrnut v čísle 1, Základní svazek základů hangulu pro cizince, byl zařazen do
přílohy, která obsahuje 40 dalších témat, jak je uvedeno níže. Doufáme, že pro vás budou užitečné.

번호	주제	번호	주제	번호	주제
1	**숫자**(50개) Number(s)	16	**인칭 대명사**(14개) Personal pronouns	31	**물건 사기**(30개) Buying Goods
2	**연도**(15개) Year(s)	17	**지시 대명사**(10개) Demonstrative pronouns	32	**전화하기**(21개) Making a phone call
3	**월**(12개) Month(s)	18	**의문 대명사**(10개) Interrogative pronouns	33	**인터넷**(20개) Words related to the Internet
4	**일**(31개) Day(s)	19	**가족**(24개) Words related to Family	34	**건강**(35개) Words related to health
5	**요일**(10개) Day of a week	20	**국적**(20개) Countries	35	**학교**(51개) Words related to school
6	**년**(20개) Year(s)	21	**인사**(5개) Phrases related to greetings	36	**취미**(28개) Words related to hobby
7	**개월**(12개) Month(s)	22	**작별**(5개) Phrases related to bidding farewell	37	**여행**(35개) Travel
8	**일(간), 주일(간)**(16개) Counting Days	23	**감사**(3개) Phrases related to expressing gratitude	38	**날씨**(27개) Weather
9	**시**(20개) Units of Time(hours)	24	**사과**(7개) Phrases related to making an apology	39	**은행**(25개) Words related to bank
10	**분**(16개) Units of Time(minutes)	25	**요구, 부탁**(5개) Phrases related to asking a favor	40	**우체국**(14개) Words related to post office
11	**시간**(10개) Hour(s)	26	**명령, 지시**(5개) Phrases related to giving instructions		
12	**시간사**(25개) Words related to Time	27	**칭찬, 감탄**(7개) Phrases related to compliment and admiration		
13	**계절**(4개) seasons	28	**환영, 축하, 기원**(10개) Phrases related to welcoming, congratulating and blessing		
14	**방위사**(14개) Words related to directions	29	**식당**(30개) Words related to Restaurant		
15	**양사**(25개) quantifier	30	**교통**(42개) Words related to transportation		

MP3	주제	단어
	1. 숫자	1, 2, 3, 4, 5, / 6, 7, 8, 9, 10, / 11, 12, 13, 14, 15, / 16, 17, 18, 19, 20, / 21, 22, 23, 24, 25, / 26, 27, 28, 29, 30, / 31, 40, 50, 60, 70, / 80, 90, 100, 101, 102, / 110, 120, 130, 150, 천, / 만, 십만, 백만, 천만, 억
	2. 연도	1999년, 2000년, 2005년, 2010년, 2015년, / 2020년, 2023년, 2024년, 2025년, 2026년, / 2030년, 2035년, 2040년, 2045년, 2050년
	3. 월	1월, 2월, 3월, 4월, 5월, / 6월, 7월, 8월, 9월, 10월, / 11월, 12월
	4. 일	1일, 2일, 3일, 4일, 5일, / 6일, 7일, 8일, 9일, 10일, / 11일, 12일, 13일, 14일, 15일, / 16일, 17일, 18일, 19일, 20일, / 21일, 22일, 23일, 24일, 25일, / 26일, 27일, 28일, 29일, 30일, / 31일
	5. 요일	월요일, 화요일, 수요일, 목요일, 금요일, / 토요일, 일요일, 공휴일, 식목일, 현충일
	6. 년	1년, 2년, 3년, 4년, 5년, / 6년, 7년, 8년, 9년, 10년, / 15년, 20년, 30년, 40년, 50년, / 100년, 200년, 500년, 1000년, 2000년
	7. 개월	1개월(한 달), 2개월(두 달), 3개월(석 달), 4개월(네 달), 5개월(다섯 달), / 6개월(여섯 달), 7개월(일곱 달), 8개월(여덟 달), 9개월(아홉 달), 10개월(열 달), / 11개월(열한 달), 12개월(열두 달)
	8. 일(간), 주일(간)	하루(1일), 이틀(2일), 사흘(3일), 나흘(4일), 닷새(5일), / 엿새(6일), 이레(7일), 여드레(8일), 아흐레(9일), 열흘(10일), / 10일(간), 20일(간), 30일(간), 100일(간), 일주일(간), / 이 주일(간)
	9. 시	1시, 2시, 3시, 4시, 5시, / 6시, 7시, 8시, 9시, 10시, / 11시, 12시, 13시(오후 1시), 14시(오후 2시), 15시(오후 3시), / 18시(오후 6시), 20시(오후 8시), 22시(오후 10시), 24시(오후 12시)
	10. 분	1분, 2분, 3분, 4분, 5분, / 10분, 15분, 20분, 25분, 30분(반 시간), / 35분, 40분, 45분, 50분, 55분, / 60분(1시간)

MP3	주제	단어
	11. 시간	반 시간(30분), 1시간, 1시간 반(1시간 30분), 2시간, 3시간, / 4시간, 5시간, 10시간, 12시간, 24시간
	12. 시간사	오전, 정오, 오후, 아침, 점심, / 저녁, 지난주, 이번 주, 다음 주, 지난달, / 이번 달, 다음날, 재작년, 작년, 올해, / 내년, 내후년, 그저께(이틀 전날), 엊그제(바로 며칠 전), 어제(오늘의 하루 전날), / 오늘, 내일(1일 후), 모레(2일 후), 글피(3일 후), 그글피(4일 후)
	13. 계절	봄(春), 여름(夏), 가을(秋), 겨울(冬)
	14. 방위사	동쪽, 서쪽, 남쪽, 북쪽, 앞쪽, / 뒤쪽, 위쪽, 아래쪽, 안쪽, 바깥쪽, / 오른쪽, 왼쪽, 옆, 중간
	15. 양사	개(사용 범위가 가장 넓은 개체 양사), 장(평면이 있는 사물), 척(배를 세는 단위), 마리(날짐승이나 길짐승), 자루, / 다발(손에 쥘 수 있는 물건), 권(서적 류), 개(물건을 세는 단위), 갈래, 줄기(가늘고 긴 모양의 사물이나 굽은 사물), / 건(사건), 벌(의복), 쌍, 짝, 켤레, / 병, 조각(덩어리, 모양의 물건), 원(화폐), 대(각종 차량), 대(기계, 설비 등), / 근(무게의 단위), 킬로그램(힘의 크기, 무게를 나타내는 단위), 번(일의 차례나 일의 횟수를 세는 단위), 차례(단순히 반복적으로 발생하는 동작), 식사(끼)
	16. 인칭 대명사	※ 인칭 대명사 : 사람의 이름을 대신하여 나타내는 대명사. 나, 너, 저, 당신, 우리, / 저희, 여러분, 너희, 그, 그이, / 저분, 이분, 그녀, 그들
	17. 지시 대명사	※ 지시 대명사 : 사물이나 장소의 이름을 대신하여 나타내는 대명사. 이것, 이곳, 저것, 저곳, 저기, / 그것(사물이나 대상을 가리킴), 여기, 무엇(사물의 이름), 거기(가까운 곳, 이미 이야기한 곳), 어디(장소의 이름)
	18. 의문 대명사	※ 의문 대명사 : 물음의 대상을 나타내는 대명사. 누구(사람의 정체), 몇(수효), 어느(둘 이상의 것 가운데 대상이 되는 것), 어디(처소나 방향), 무엇(사물의 정체), / 언제, 얼마, 어떻게(어떤 방법, 방식, 모양, 형편, 이유), 어떤가?, 왜(무슨 까닭으로, 어떤 사실에 대하여 확인을 요구할 때)
	19. 가족	할아버지, 할머니, 아버지, 어머니, 남편, / 아내, 딸, 아들, 손녀, 손자, / 형제자매, 형, 오빠, 언니, 누나, / 여동생, 남동생, 이모, 이모부, 고모, / 고모부, 사촌, 삼촌, 숙모
	20. 국적	국가, 나라, 한국, 중국, 대만, / 일본, 미국, 영국, 캐나다, 인도네시아, / 독일, 러시아, 이탈리아, 프랑스, 인도, / 태국, 베트남, 캄보디아, 몽골, 라오스

MP3	주제	단어
	21. 인사	안녕하세요!, 안녕하셨어요?, 건강은 어떠세요?, 그에게 안부 전해주세요, 굿모닝!
	22. 작별	건강하세요, 행복하세요, 안녕(서로 만나거나 헤어질 때), 내일 보자, 다음에 보자.
	23. 감사	고마워, 감사합니다, 도와주셔서 감사드립니다.
	24. 사과	미안합니다, 괜찮아요!, 죄송합니다, 정말 죄송합니다, 모두 다 제 잘못입니다, / 오래 기다리셨습니다, 유감이네요.
	25. 요구, 부탁	잠시 기다리세요, 저 좀 도와주세요, 좀 빨리해 주세요, 문 좀 닫아주세요, 술 좀 적게 드세요.
	26. 명령, 지시	일어서라!, 들어오시게, 늦지 말아라, 수업 시간에는 말하지 마라, 금연입니다.
	27. 칭찬, 감탄	정말 잘됐다!, 정말 좋다, 정말 대단하다, 진짜 잘한다!, 정말 멋져!, / 솜씨가 보통이 아니네!, 영어를 잘하는군요. ※ 감탄사의 종류(감정이나 태도를 나타내는 단어) : 아하, 헉, 우와, 아이고, 아차, 앗, 어머, 저런, 여보, 야, 아니요, 네, 예, 그래, 얘 등
	28. 환영,축하, 기원	환영합니다!, 또 오세요, 생일 축하해!, 대입 합격 축하해!, 축하드려요, / 부자 되세요, 행운이 깃드시길 바랍니다, 만사형통하시길 바랍니다, 건강하세요, 새해 복 많이 받으세요!
	29. 식당	음식, 야채, 먹다, 식사 도구, 메뉴판, / 세트 요리, 종업원, 주문하다, 요리를 내오다, 중국요리, / 맛, 달다, 담백하다, 맵다, 새콤달콤하다, / 신선하다, 국, 탕, 냅킨, 컵, / 제일 잘하는 요리, 계산, 잔돈, 포장하다, 치우다, / 건배, 맥주, 술집, 와인, 술에 취하다.
	30. 교통	말씀 좀 묻겠습니다, 길을 묻다, 길을 잃다, 길을 건너가다, 지도, / 부근, 사거리, 갈아타다, 노선, 버스, / 몇 번 버스, 정거장, 줄을 서다, 승차하다, 승객, / 차비, 지하철, 환승하다, 1호선, 좌석, / 출구, 택시, 택시를 타다, 차가 막히다, 차를 세우다, / 우회전, 좌회전, 유턴하다, 기차, 기차표, / 일반 침대석, 일등 침대석, 비행기, 공항, 여권, / 주민등록증, 연착하다, 이륙, 비자, 항공사, / 안전벨트, 현지시간

MP3	주제	단어
	31. 물건 사기	손님, 서비스, 가격, 가격 흥정, 노점, / 돈을 내다, 물건, 바겐세일, 싸다, 비싸다, / 사이즈, 슈퍼마켓, 얼마예요?, 주세요, 적당하다, / 점원, 품질, 백화점, 상표, 유명 브랜드, / 선물, 영수증, 할인, 반품하다, 구매, / 사은품, 카드 결제하다, 유행, 탈의실, 계산대
	32. 전화하기	여보세요, 걸다, (다이얼을)누르다, OO 있나요?, 잘못 걸다, / 공중전화, 휴대전화 번호, 무료 전화, 국제전화, 국가번호, / 지역번호, 보내다, 문자 메시지, 시외전화, 전화받다, / 전화번호, 전화카드, 통화 중, 통화 요금, 휴대전화, / 스마트폰
	33. 인터넷	인터넷, 인터넷에 접속하다, 온라인게임, 와이파이, 전송하다, / 데이터, 동영상, 아이디, 비밀번호, 이메일, / 노트북, 검색하다, 웹사이트, 홈페이지 주소, 인터넷 쇼핑, / 업로드, 다운로드, pc방, 바이러스, 블로그
	34. 건강	병원, 의사, 간호사, 진찰하다, 수술, / 아프다, 환자, 입원, 퇴원, 기침하다, / 열나다, 체온, 설사가 나다, 콧물이 나다, 목이 아프다, / 염증을 일으키다, 건강, 금연하다, 약국, 처방전, / 비타민, 복용하다, 감기, 감기약, 마스크, / 비염, 고혈압, 골절, 두통, 알레르기, / 암, 전염병, 정신병, 혈액형, 주사 놓다
	35. 학교	초등학교, 중학교, 고등학교, 중·고등학교, 대학교, / 교실, 식당, 운동장, 기숙사, 도서관, / 교무실, 학생, 초등학생, 중학생, 고등학생, / 대학생, 유학생, 졸업생, 선생님, 교사, / 교장, 교수, 국어, 수학, 영어, / 과학, 음악, 미술, 체육, 입학하다, / 졸업하다, 학년, 전공, 공부하다, 수업을 시작하다, / 수업을 마치다, 출석을 부르다, 지각하다, 예습하다, 복습하다, / 숙제를 하다, 시험을 치다, 합격하다, 중간고사, 기말고사, / 여름방학, 겨울방학, 성적, 교과서, 칠판, / 분필
	36. 취미	축구 마니아, ㅇㅇ마니아, 여가 시간, 좋아하다, 독서, / 음악 감상, 영화 감상, 텔레비전 시청, 연극 관람, 우표 수집, / 등산, 바둑, 노래 부르기, 춤추기, 여행하기, / 게임하기, 요리, 운동, 야구(하다), 농구(하다), / 축구(하다), 볼링(치다), 배드민턴(치다), 탁구(치다), 스키(타다), / 수영(하다), 스케이팅, 태권도
	37. 여행	여행(하다), 유람(하다), 가이드, 투어, 여행사, / 관광명소, 관광특구, 명승지, 기념품, 무료, / 유료, 할인티켓, 고궁, 경복궁, 남산, / 한국민속촌, 호텔, 여관, 체크인, 체크아웃, / 빈 방, 보증금, 숙박비, 호실, 팁, / 싱글룸, 트윈룸, 스탠더드룸, 1박하다, 카드 키, / 로비, 룸서비스, 식당, 뷔페, 프런트 데스크
	38. 날씨	일기예보, 기온, 최고기온, 최저기온, 온도, / 영상, 영하, 덥다, 따뜻하다, 시원하다, / 춥다, 흐린 날씨, 맑은 날, 비가 오다, 눈이 내리다, / 건조하다, 습하다, 가랑비, 구름이 많이 끼다, 보슬비, / 천둥치다, 번개, 태풍, 폭우, 폭설, / 황사, 장마
	39. 은행	예금하다, 인출하다, 환전하다, 송금하다, 예금주, / 예금통장, 계좌, 계좌번호, 원금, 이자, / 잔여금액, 비밀번호, 현금카드, 현금 인출기, 수수료, / 현금, 한국 화폐, 미국 달러, 외국 화폐, 환율, / 환전소, 신용카드, 대출, 인터넷뱅킹, 폰뱅킹

MP3	주제	단어
	40. 우체국	편지, 편지봉투, 소포, 부치다, 보내는 사람, / 받는 사람, 우편물, 우편번호, 우편요금, 우체통, / 우표, 주소, 항공우편, EMS

'K-한글'의 세계화 www.k-hangul.kr

Globalizace K-Hangeul

(www.k-hangul.kr)

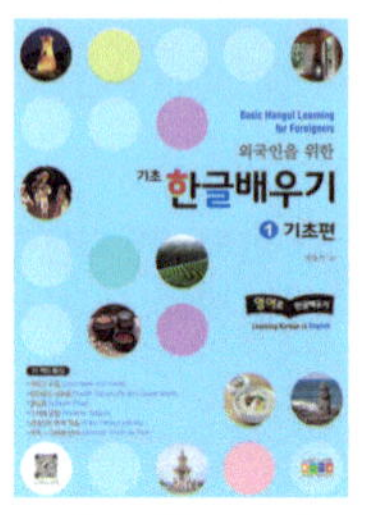

1. 영어로 한글배우기
Learning Korean
in **English**

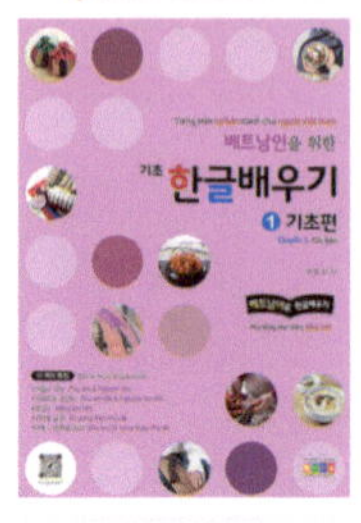

2. 베트남어로 한글배우기
Học tiếng Hàn bằng
tiếng Việt

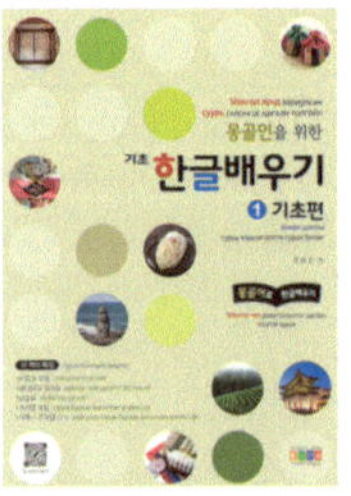

3. 몽골어로 한글배우기
Монгол хэл дээр солонгос
цагаан толгой сурах

4. 일본어로 한글배우기
日本語でハングルを学ぼう

5. 스페인어로 한글배우기 (유럽연합)
APRENDER COREANO
EN **ESPAÑOL**

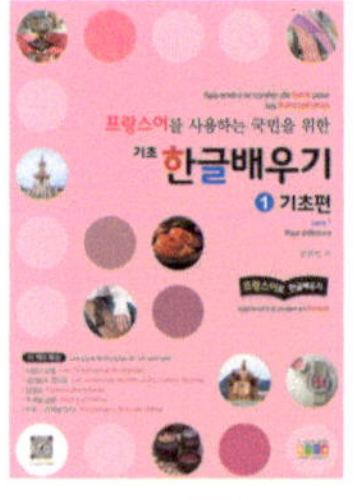

6. 프랑스어로 한글배우기
Apprendre le coréen
en **français**

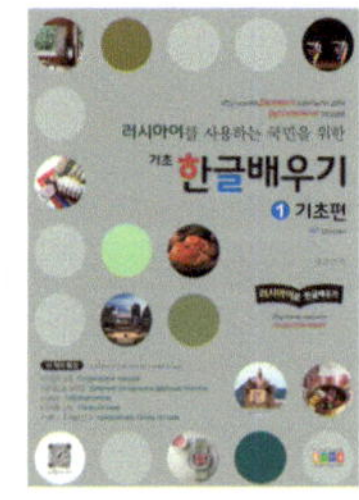

7. 러시아어로 한글배우기
Изучение хангыля
на русском языке

8. 중국어로 한글배우기
用中文学习韩文

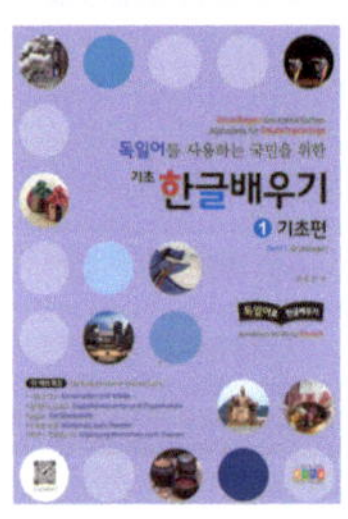

9. 독일어로 한글배우기
Koreanisch lernen
auf **Deutsch**

10. 태국어로 한글배우기
เรียนฮันกึลด้วยภาษาไทย

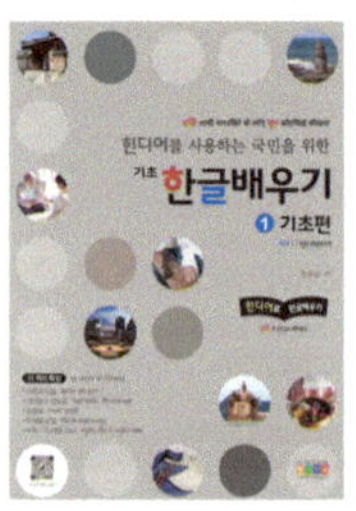

11. 힌디어로 한글배우기
हिंदी में हंगेउल सीखना

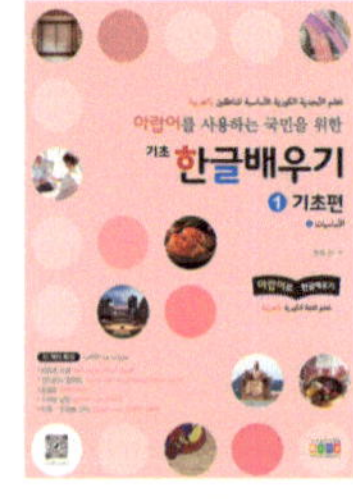

12. 아랍어로 한글배우기
تعلم اللغة الكورية بالعربية

13. 페르시아어로 한글배우기
یادگیری کرهای از طریق فارسی

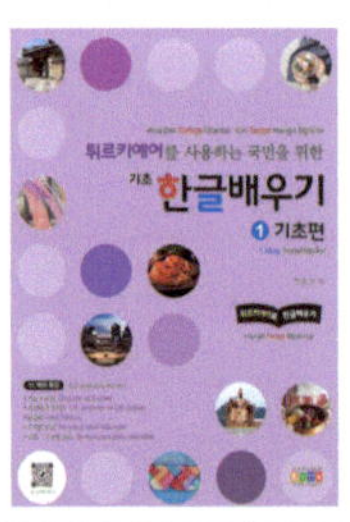

14. 튀르키예어로 한글배우기
Hangıl'ı **Türkçe** Öğrenme

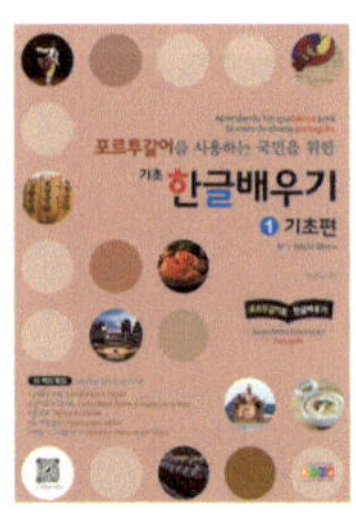

15. 포르투갈어로 한글배우기
Aprendendo Coreano
em **Português**

16. 스페인어로 한글배우기 (남미)
Aprendizaje de coreano
en **español**

17. 인도네시아어로 한글배우기
Belajar Hangul dalam
Bahasa Indonesia

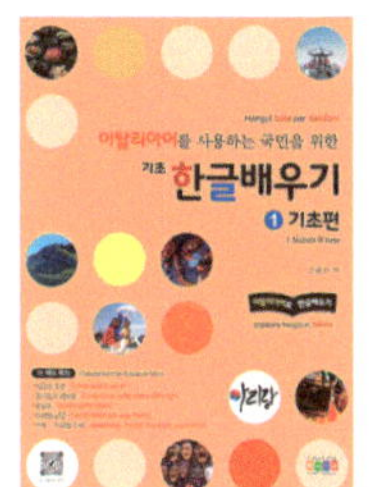
18. 이탈리아어로 한글배우기
Imparare Hangul
in **italiano**

19. 캄보디아어로 한글배우기
រៀនអក្សរកូរ៉េដោយ**ភាសាខ្មែរ**

20. 라오스어로 한글배우기
ຮຽນຮັນກືລດ້ວຍ**ພາສາລາວ**

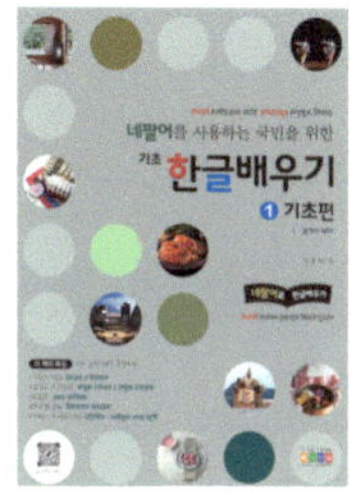
21. 네팔어로 한글배우기
नेपाली भाषामा हाङ्गुल
सिक्ने पुस्तक

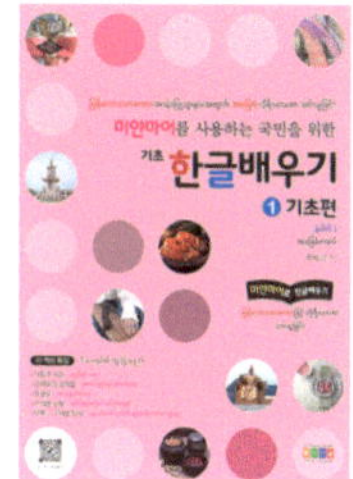
22. 미얀마어로 한글배우기
မြန်မာဘာသာစကား**ဖြင့် ကိုရီး**
ယားစာ သင်ယူခြင်း

23. 그리스어로 한글배우기
Εκμάθηση Κορεατικών
μέσω των **Ελληνικών**

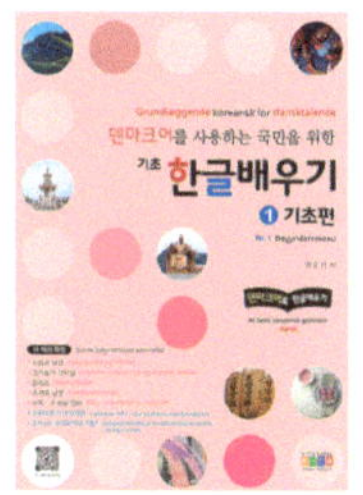
24. 덴마크어로 한글배우기
At lære koreansk
gennem **dansk**

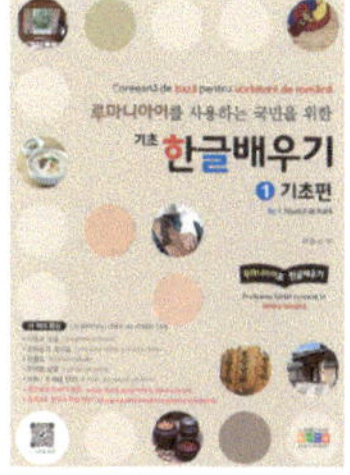
25. 루마니아어로 한글배우기
Învățarea limbii coreene
în **limba română**

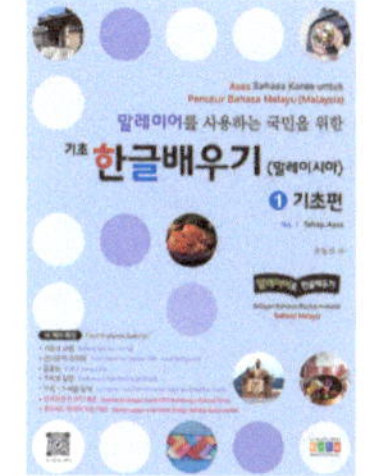
26. 말레이어로 한글배우기
Belajar bahasa Korea
melalui **bahasa Melayu**

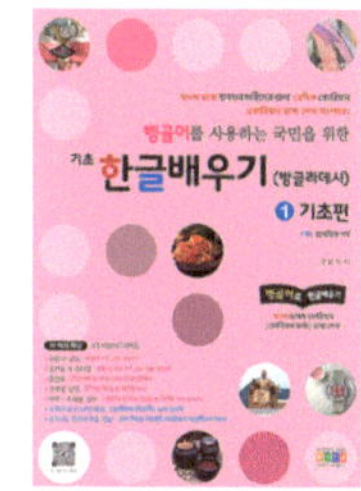
27. 벵골어로 한글배우기
বাংলা ভাষায় কোরিয়ান
(কোরিয়ান ভাষা) ভাষা শেখা

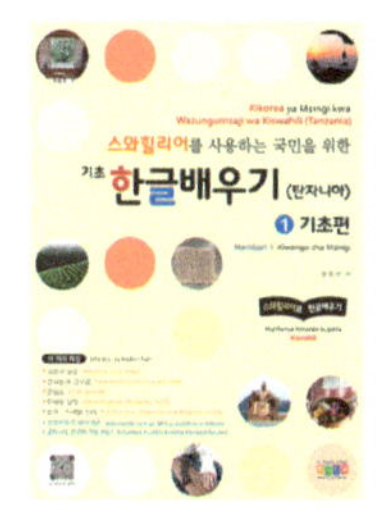
28. 스와힐리어로 한글배우기
Kujifunza Kikorea kupitia
Kiswahili

29. 우르두어로 한글배우기
ذریعے کوریائی زبان سیکھنا
اردو کے

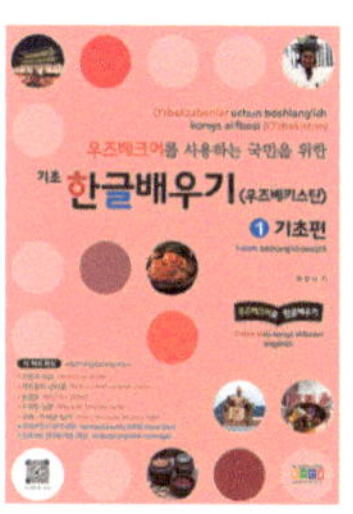
30. 우즈베크어로 한글배우기
O'zbek tilida koreys
alifbosini o'rganish

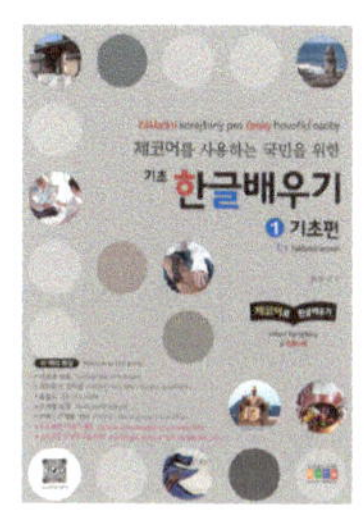
31. 체코어로 한글배우기
Učení korejštiny
v **češtině**

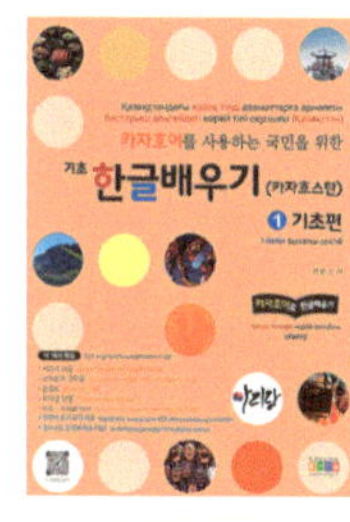
32. 카자흐어로 한글배우기
Қазақ тілінде корей
әліпбиін үйрену

33. 키르기스어로 한글배우기
Корея тилин үйрөнүү
Кыргызча

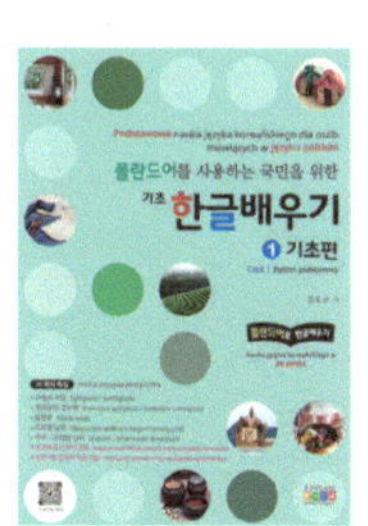
34. 폴란드어로 한글배우기
Nauka języka koreańskiego
w **po polsku**

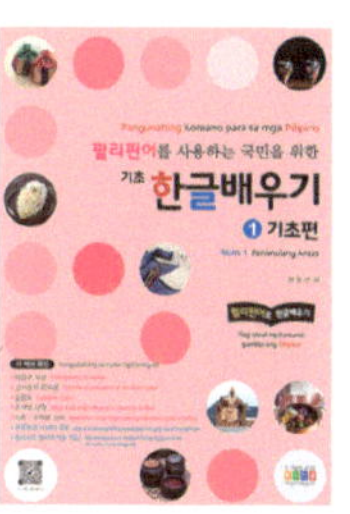
35. 필리핀어로 한글배우기
Pag-aaral ng Koreano
gamita ang **Filipino**

36. 하우사어로 한글배우기
Koyon harshen Koriya ta
amfani da **Hausa**

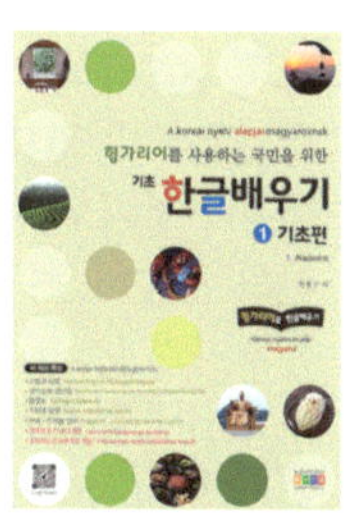
37. 헝가리어로 한글배우기
Koreai nyelvtanulás
magyarul

체코어를 사용하는 국민을 위한 기초 한글배우기

한글배우기 ❶ 기초편

2026년 4월 15일 초판 1쇄 발행

발행인 | 배영순
저자 | 권용선(權容璿)   Autor : Kwon Yongseon
펴낸곳 | 홍익교육   Vydavatel : Hongik Education, Korejská republika
기획·편집 | 아이한글 연구소
출판등록 | 2010-10호
주소 | 경기도 광명시 광명동 747-19 리츠팰리스 비동 504호
전화 | 02-2060-4011
홈페이지 | www.k-hangul.kr
E-mail | kwonys15@naver.com
정가 | 14,000원
ISBN 979-11-88505-99-9 / 13710

커뮤니케이션(communication)의 라틴어 어원은 '나누다'를 의미하는 'communicare'이며, '나누다'는 비즈니스 현장에서의 커뮤니케이션을 다음과 같은 의미로 해석할 수 있다.
① 각자의 역할을 나누어 공동의 목표를 이루어가는 의미인 분업
② 홀로 이루기 힘든 목표를 힘을 합쳐 만들어 가는 의미인 협력
③ 성과와 목표달성의 개념만이 아닌 생각과 감정 등을 함께 인식하고 나누는 공유의 의미를 복합적, 개별적으로 내포하고 있다.

2 효과적인 커뮤니케이션을 구성하는 언어와 비언어적 커뮤니케이션에 대한 이해

대인 커뮤니케이션은 언어적, 비언어적 커뮤니케이션의 두 가지 표현으로 이루어진다.

1) 언어적 커뮤니케이션(verbal communication)

① 의의

   ㉠ 자신의 감정, 상태, 경험 등을 다양한 형태로 표현하고자 하는 욕구가 일정한 상징을 통하여 표현되는 것이다.

   ㉡ 표현을 상호 교환하면서 언어는 사회적으로 제정된 상징 및 기호의 체계가 된다.

   ㉢ 언어는 가장 주요한 커뮤니케이션의 요소이다.

② 언어적 커뮤니케이션의 특성

   ㉠ **언어의 추상성**

     언어는 같은 부류의 사물들에서 공통적 속성을 뽑아 추상적인 용어로 표현하여 어떠한 사물과 현상을 일반화, 범주화 하는 특징이 있다. 지나치게 추상적이거나 압축된 언어를 사용하면 명확한 의미를 전달하기 어렵다.

   ㉡ **언어의 추리성**

     객관적인 사실을 바탕으로 공통된 특성을 유추하는 것이 추리(inference)이다. 언어의 추리성은 지식적 배경이 바탕이 되어 어떠한 언어 내용에 대해 민감할수록, 많이 알고 있을수록 그 언어에 대해 보다 정확한 추리력을 발휘할 수 있다.

   ㉢ **언어의 상황성**

     언어는 분위기나 상황에 영향을 받아 상황에 따라 의미도 달라질 수 있다.

   ㉣ **언어의 전상징성(presymbolic use)**

     어떠한 의미의 표현이나 전달보다는 단순한 감정이나 기분을 표현, 전달하는 특성을 의미한다. 이는 다른 사람들과의 관계, 상황의 불확실성에서 오는 불안감을 감소시키고, 서로의 이해를 돕는 데 기여할 수 있다.